中台灣
旅遊精典

李鎮岩 著

文興出版事業

最近幾年，台灣隨著時代進步，優質文化的休閒已成爲社會大眾不可或缺的生活模式，在千百種休閒活動中，兼具感性觀光、知性美食及休閒懷舊之旅，頗受人們的喜愛，已成爲社會動向的新趨勢。

位於台灣西部的中台灣，包括台中市、台中縣、彰化縣、南投縣、雲林縣等1市4縣，即北從大安溪，南至雲林縣，西起太平洋，東臨中央山脈的地區，保留了部分的原始自然、人文景觀及一些傳統美食。「青山綠水已不多見，自然、人文風貌更屬難得」，爲了讓您擁有更豐富的週休2日，我從台灣中部嚴選部分景點，以精美圖片、簡潔文字，呈現「中台灣」最美麗的一面。眞正會感動人的，是用眞心寫出來的文章，相信這本書能滿足您的需求。

李鎭岩　　2005年5月1日

目錄

南投縣 62

台中市 位於台灣中部，舊稱「大墩」，氣候溫和，人文薈萃，素有文化都市之美譽。市區劃分為東區、西區、南區、北區、西屯、南屯、北屯和工業區，東依大坑、頭料山，西靠大度山，盆地內有綠川、柳川等綺麗的河道，由北南流，貫穿市區繁榮地帶。

市域早期為平埔族人巴布薩、巴宰海與洪雅等部落的獵場。康熙末年，定海總兵張國、南澳總兵藍廷珍等人廣招閩粵「羅漢腳」到此墾荒。根據史料記載，台中最早形成的聚落有犁頭店、大墩、橋子頭、新庄仔等地，其中以犁頭店街的開發最早。日治時代，日人引進歐美都市改革觀念，並以日本京都市為藍本，開始著手舊大墩的城市建設，其街道以中山公園內的三角點為起點測量，呈棋盤式發展出東大墩（東區）、西大墩（西屯）、三十張犁（北屯）和犁頭店（南屯）等地區，當時已初具都市規模。

光復後，本市地價水漲船高，許多老舊房屋逐漸拆建為高樓大廈。故轄內除了公園綠地、學校、祠廟、住家與市郊外，大多已開發為工商業區，舉凡日常生活所需包括食、衣、住、行等各行各業，一應俱全，組成了中台灣最繁榮的都會區。其中，綠川西街、中山路及民族路為「電子街」，中區三民路有燦爛奪目的「婚紗街」，大雅路有「傢俱街」，天津路有「服飾批發街」，北區昌平路有「鞋街」，另五權西四街有異國風情的「餐飲街」、台中港路3段有「太陽餅街」，精明一街、東海大學一帶則有美輪美奐的「藝術商店街」，除此以外，中華路、忠孝路、逢甲、一中街等夜市商圈，更是人來攘往，熱鬧的場景，非比尋常。而台中的風物名勝也是享譽國際有口皆碑的，像寶覺寺、孔廟、自然科學博物館、中興大學、東郊的亞哥花園，西郊的東海大學、南郊的豐樂雕塑公園、北區的民俗公園…，都是風景優美，值得一遊的觀光景點。

台中市郊大坑風景區登山步道。

中山公園

台中市中區自由路與公園路交叉口 （04）2222-4174

中山公園位於繁忙的市區中心，原屬林家花園舊墓地，於清光緒29年（1903）闢爲公園，佔地14.37公頃。園中有一小湖，名「日月湖」，湖中有湖心雙亭，波光豔瀲，十分美麗。

繞過日月湖可見望月亭、砲台山等台灣府城遺跡。台灣府城始建於光緒15年（1889），今僅存北門樓遺蹟，該遺蹟位於園內砲台山左側，民國37年，易名爲「望月亭」。亭旁，有石碾一座，是台灣地圖上的一個三角測量原點，也是台中棋盤街市的起點，在都市改革過程中佔重要地位。砲台山爲古砲墩遺址，建於雍正10年（1733），當年爲防禦海盜入侵，於小土丘上建砲墩，稱「大墩山」。

歷史悠久的中山公園，除了台灣府城遺蹟外，還有古意盎然的曲橋、古榕、更樓、曲徑…，其中，全台罕見的更樓始建於光緒15年（1889），原立於本市大智路30號吳鸞旂公館前，民國71年，遷建於公園內。更樓又名「譙樓」，其建築架構，上爲樓，下爲門，爲古時敲鑼報時，守夜瞭望用之看台。另園內有供遊湖的小舟出租，並設有露天音樂台、網球場及兒童遊樂，是市區假日休閒的好去處。

位於公園附近的中華路、公園路一帶，長達1公里左右的夜市，有南北各式小吃如肉圓、肉羹、排骨酥、蚵仔煎、潤餅、炒飯、米粉、當歸鴨、藥燉排骨、米糕、木

瓜牛乳…等應有盡有，是台中著名的宵夜和購物區，經常吸引許多遊客駐足前往。

 前往中山公園，由國道1號下大雅（中清路）交流道，沿中清路接大雅路至市區，走公園路可抵。

 搭台中客運14、33、105路，仁友客運25、30、61、105路公車或台中高潛力公車81路，於「中山公園」站下車。

 從台中車站走中正路，至自由路右轉，約10分鐘可達。

湖心雙亭，波光豔瀲，十分美麗。

台中市區風景繪

台中火車站

台中市中區建國路一段172號　（04）2224-2577

車馬絡繹的台中車站。

這座台灣縱貫線最古典的火車站，始建於民國6年（1917），擁有近百年歷史，爲文藝復興式兩層樓建築，屋頂由青銅片拼成，上置鐘樓，樓高4層。簷口四面爲山牆式設計，紅色磚牆，飾以白色環帶，益顯典雅高貴，爲市民重要地標。

台中火車站地扼市區主要出入口，掌握大眾運輸動脈之要隘，人來攘往，爲都市規劃核心，也是台中市許多大型活動，包括迎賓送舊、節慶活動以及展覽會場的最佳舉辦場所，深具歷史、文化和藝術價值，84年4月22日，經內政部公告爲台閩地區二級古蹟。

 由國道1號下台中（台中港路）交流道，沿中港路接中正路直行可抵。

 鐵路或國光、統聯、巨業、仁友、台中客運或台中高潛力公車，至「台中車站」下車。

台中孔廟、忠烈祠

台中市北區雙十路二段30號 　（04）2233-2264
開放時間：9：00～17：00，每星期一及例假曰之次日休館。

　　沿著熱鬧的雙十路行去，在力行路口可見2座漆白的牌坊，橫額上題著：「德侔天地」、「道貫古今」等字，莊嚴肅穆，令人發思古之幽情。

　　建於民國65年（1976）的孔廟，採中國傳統宮殿式建築，位於中軸線上，有欞星門、大成門、大成殿（正殿）、崇聖堂（後殿）等主體建築，正殿宏偉壯麗，供奉至聖先師孔子神位。從左右兩廊與後殿，延伸到前面的欞星門，儼然構成一座平面為「日」字形格局的四合院建築，造型清雅脫俗，為市區一處鬧中取靜的地方。

　　位於力行路264號，與孔廟毗臨而建的忠烈祠，原為日本台中神社遺祉，光復後，改建為中國傳統宮殿式建築。巍峨的三川門，左右懸有「成仁」、「取義」匾額。正殿古樸素雅，主祀革命烈士神位。殿旁花木扶疏，紅花綠葉迎風搖曳，色彩燦爛極為動人。

　　忠烈祠開放時間　國定假日及每週日上午 9：00至下午5：00，（04）2233-2264。

 前往孔廟、忠烈祠，由國道1號下大雅（中清路）交流道，沿中清路接大雅路至進化北路左轉，至雙十路右轉即抵。

 台中客運14、33、105路公車，在「孔廟」站下車，或台中高潛力公車81路，在「體育場」站下車。

建築宏偉的大成殿。

台中市區風景線

寶覺寺

台中市北區健行路140號　（04）2233-5179
開放時間：08：00～17：00

金碧輝煌的彌勒大佛。

前有「日本人遺骨安置所」墓園，設英魂觀音亭、靈安故鄉碑，每年吸引許多日本觀光客到訪。值得一提的，碑後有「追遠亭」，記載著當年大東亞戰爭為日本帝國應召入伍的台灣人20餘萬，被派往各戰線奮勇戰鬥，此間有33000多人成仁，永成異域遠地之亡魂，建亭立碑以資紀念。

寶覺寺始建於民國16年（1927）為鼓樓式建築，以彌勒大佛、友愛鐘樓、七寶塔等建築，聞名於世。其中，金碧輝煌的彌勒大佛高約數十公尺，其1、2樓為民俗文物館，基座上鐫刻「皆大歡喜」4字，「大肚包容，了卻人間多少事，滿腔歡喜，笑開天下古今愁」，寥寥數句，啟人智慧，已成為過往遊客瞻目之焦點。

由國道1號下大雅（中清路）交流道，沿中清路接大雅路至健行路左轉即抵。

台中客運33路公車或豐原客運台中往谷關班車，在「寶覺寺」站下車，台中高潛力公車70路「健行國小」站下車。

灰色琉璃屋頂的寶覺禪寺，供奉釋迦牟尼、彌勒、毗盧舍那等3尊佛像，旁為友愛鐘樓，安置日人所贈送重達1000台斤的大鐘。另有七寶塔，站在塔頂上，整個市區盡收眼底，視野極佳。地藏殿，主祀地藏王菩薩，殿

造型清雅脫俗的寶覺禪寺。

國立自然科學博物館

台中市西區館前路一號　（04）2322-6940
太空、立體劇場預定專線　0800432307～8
售票時間：08：50～16：40
開放時間：週二至週日，上午9點至下午5點（每週一休館）。

　　國立自然科學博物館成立於民國75年（1986），展示面積達16000平方公尺，是國內首座規模最大，符合國際水準且擁有先進化設備的博物館。

　　館內分為劇場、科學中心、生命科學廳、中國科學廳與地球環境廳等5大館，另有微觀世界、芸芸眾生、鳥瞰劇場、立體劇場及環境劇場…等視聽設備，提供自然及人文等各類科學知識，是台灣各級學校課外教學的好場所，也是台中市主要觀光景點之一。館內太空、立體劇場，採用傾斜30度的圓弧形立體銀幕，讓欣賞影片的觀眾，有親臨其境的感覺。另植物園佔地約4.5公頃，園區內植栽1300種來自世界各地具有特性及觀賞價值的植物，包括許多台灣本土瀕臨絕種的稀有植物，例如粉紅色的百合花。

 由國道1號下中港交流道，循中港路（往市區方向）直行，至館前路左轉即抵（科博館鄰西屯路方向有大型停車場）。

 台中車站搭台中客運71、88、106路公車，仁友客運22、38、45、125，或台中高潛力公車70路，在「科博館」站下車。

擁有先進化設備的國立自然科學博物館。

國立台灣美術館

台中市西區五權西路一段 2 號　（04）2372-3552
營業時間：09：00～17：00，（每週一休館）。

省立台灣美術館於民國88年7月1日變更爲國立台灣美術館。館區佔地30790平方公尺，以石材裝飾的主體建築分爲地上3層，地下1層，座落於一片公園綠地上。

館內規劃有展覽、推廣、研究、資料中心、典藏、

美術館周圍寬廣的綠園道。

演講、視聽及行政辦公等部門。其中開放式展示的美術街及美術廣場，設有文物供應部、咖啡座，參觀者可一面欣賞各種國內外繪畫、雕塑、裝置藝術等展覽，又能享受生活休閒活動等樂趣。此外，美術館周圍寬廣的綠色園地，包括碑林及巨型雕塑，更開放給一般民眾，讓景觀與藝術交相結合，將雅緻文化溶入群眾生活之中，形成一文藝和休憩的藝術空間，其中花崗石「碑林」，匯集名家墨寶於一處，呈現台灣具體而微的書法發展，是不可多得的藝術文化饗宴。

另美術館前有條充滿著藝術人文氣息的綠色園道，此處椰林大道，從美術館沿著五權西四街畫出一條綠帶，其間樹木扶疏，白鴿展翅飛翔、紅磚鋪面襯著青青草地，路旁coffee shop林立，有童話世界的糖果屋、典雅的義大利風格餐廳，也有悠閒的歐式花園餐廳，獨特的色彩、情調和親切感，使人感覺到置身於異域的懷抱，是繁忙都會區極佳的生活休閒去處。

由國道1號下南屯交流道（往台中方向），走五權西路至美術館。

台中高潛力公車89路，台中客運71路或仁友客運30、40路公車，於「美術館」站下車。（一天兩班 12：20 及 17：30）。

精明一街

台中市西區大隆路與大墩19街之間　上午10：00～凌晨1：00

精明一街是全台最美的一條購物街，漫步在這條街上，讓人彷彿走在法國巴黎的香榭大道上。這條街不長，在近百公尺的行人徒步區有不少店家，包括風味獨特的歐式露天咖啡座、茶藝館、精品店、服飾店、異國風味餐廳和畫廊等等，不一而足，裡面所販賣的商品，也是中台灣的流行指標，各種配件、衣飾都是當季最走紅的。

一般習慣生活在都市的人，生活步調總是匆忙的，由精明一街和大隆路所組成的精緻商圈，讓平時忙於工作的人們有機會偷得半日空閒，忘卻緊繃的生活腳步，坐在具有異國情調的的露天咖啡座，喝茶逛街，這樣閒逸、從容的感覺，營造出精明一街豐富多元的街道文化。

每逢假日的夏天午後，走在這條浪漫的街道，你會發現街上行人慢慢多了起來，悠閒地踩在石板鋪就的街上，兩旁綠樹伴著琳瑯滿目的美食、精品服飾、露天咖啡座…，精明一街像是初綻的玫瑰，經過黑夜後，再度迎接嶄新的一天。

對於初次到台中的人而言，精明一街是個令人嚮往的地方，來到這裡，你將發現不一樣的休閒文化，像假日常有的露天音樂會，藝文展示等社區活動…或與歐美、日本同步流行的精品服飾，這條美麗的購物街是台灣都會商店街的代表作，也是台中人的驕傲。

 由國道1號下台中港路交流道，走中港路（往台中方向）至大墩路右轉可抵。

 台中客運88、106路公車於「SOGO百貨」站下車，或台中高潛力公車81路公車，在「東興路口」站下車後，步行約數分鐘可抵。

精明一街露天咖啡雅座。

台中市區風景線

15

中興大學、忠孝路夜市

台中市南區國光路250號 （04）2287-3181

國立中興大學的最早前身為台北帝國大學附屬農林專門部，緊臨車馬絡繹的國光路，具有代表性的校園景觀有針葉林區、中興湖、小禮堂、惠蓀堂及行政大樓等等。

波平如鏡的中興湖。

一進校門，首先映入眼簾的是，一大片生氣盎然的針葉樹林。這片樹林面積廣闊，綠蔭遮天，有「黑森林」之稱。過了針葉林，循著步道前行不久，便來到校園中心的中興湖，這裡的水，波平如鏡，與天光混成一片，遠處的林木倒映在湖面上，反射出波光粼粼，透明而清澈。一旁著名的椰林大道上有石栗、檳榔、棕櫚等植物，綠葉隨風搖曳可以讓行人悠閒漫步。

靠近中興大學的「忠孝路夜市」，以忠孝路為主軸，聚集了上百家台灣道地的小吃攤，有炒飯、牛肉河粉、陽春麵、牛肉麵、廣東粥、清粥小菜、西港牛雜、蒸餃、肉員、肉包、米糕、海產、燒雞、烤鴨、山產、黑輪、豆花、冰品及紅茶等可口美味，老少咸宜的美食，令饕客們食指大動，回味無窮。

前往興大，循國道1號下南屯交流道（往台中方向），走五權西路至林森路右轉，接國光路至興大路右轉可抵。

有「黑森林」之稱的針葉林區。

台中客運33路，或台中高潛力公車33路於「中興大學」站下車。

台中市民俗公園

台中市北屯區旅順路二段73號　（04）2245-1310

民俗文物館開放時間：08：30～17：00，每逢週一為休館日

（國定例假日照常開放，農曆除夕及前一日休館），全票50、半票20。

頗具農村風味的「土埆屋」

台中民俗公園建於民國73年2月，全園面積1.6公頃，為全台首座民俗公園，園內有傳統閩南建築，包括民俗館、比藝館、民俗技藝廣場、圓門、拱橋、荷池、涼亭、迴廊及地下樓文物陳列室等中式庭園景觀設計，其中民俗館展示清末民初居家生活，家俱裝潢，頗富古味。民藝館設茶坊，提供遊客們休憩品茗。另民俗技藝廣場經常舉辦各項傳統技藝表演，像編竹器、製紙傘、捏麵人等活動，值得攜家帶眷，前往一遊。

循國道1號下大雅交流道，沿中清路（往台中方向）接文心路，至崇德路左轉，到旅順路右轉即抵。

台中客運131、132路公車「民俗公園」站下車，或仁友客運105路公車「崇德國中」站下車。

游魚可數的荷池。

亞哥花園

台中市北屯區民政里苧園巷41號　（04）2239-1549

　　亞哥花園位於台中的大坑風景區，佔地遼闊，是中台灣著名的休閒遊樂勝地。

　　全園造型典雅的歐式園藝，繁花綠草，花香四溢，讓人耳目一新。園內有精采的「水舞秀」，五顏六色的噴泉，隨著美妙的音樂，交織成一場場令人難忘的水之嘉年華，瑰麗又燦爛，給你High到最高點。

　　亞哥花園除了美輪美奐的水舞秀以外，另有健康步道、遊賞鳥園、日式造景、假山瀑布與奇石雕塑等清新高雅的造景，漫步其間，令人流連忘返。此外，園方還培育與生態相關的昆蟲自然教室，展示各類昆蟲、蝴蝶標本和螢火蟲。

 循國道1號下大雅交流道，沿中清路（往台中方向）接文心路、東山路，到大坑圓環右轉橫坑巷，循指標行進可抵。

 台中站搭台中客運15路至「大坑圓環」，再轉搭66路公車到亞哥花園，台中客運（04）2222-4102。

五顏六色的「水舞秀」。

逢甲夜市商圈

台中市西屯區逢甲路、文華路、福星路、西屯路

人來攘往的逢甲夜市。

　　年輕又熱鬧的逢甲商圈是很多外地人來台中必逛的夜市。商圈範圍包括逢甲路、文華路、福星路、西屯路等周邊道路。這裡有好吃的粉圓、香Q的肉丸、滷味及臭豆腐，還有各式餐飲、咖啡茶坊和冰品，我們還可以在這裡發現鞋店、精品服飾店、百貨批發商行，還有書店、唱片行及眼鏡商店等等，舉凡食衣住行…，五花八門，你想得到的，到這會有所收穫。另文華路有許多小吃店和小型店家，這裡是夜市人潮聚集最多的地方，有很多不錯的小東西可買，像物美價廉的手工飾品、皮鞋等等，為一般年青購物者的新天堂。

　　位於西屯區文華路100號的逢甲大學創校於1961年，經歷多年的孕育成長，目前已成為一所擁有7個學院，學生將近20000人的都會大學。校園內有全台首座的咖啡圖書館，擺脫傳統「藏書閣」的被動式學習，成為主動e-learning的學習進程，另電子商務中心、奈米科技研究中心等設施的相繼成立，可以看到逢甲大學正邁向一個全新的里程碑，逢甲大學（04）2451-7250。

 前往逢甲夜市商圈，由國道1號下台中（台中港路）交流道，走中港路（往台中方向）至黎明路3段左轉，接逢甲路可抵。

 台中客運33、35路，仁友客運22、25、36路，或台中高潛力公車68、33路「逢甲大學」站下車。

張氏家廟

台中市西屯區安和路111號　三級古蹟

張氏家廟原爲土造祠廟，坐西朝東，始建於光緒31年（1905），其後改建爲磚造「口」字型四合院建築。

就整體建築特色而言，台灣傳統廟宇十分講究平衡，即上下對稱，左右對齊，裡應外合。因此，張家祖廟的每一組房子都與外頭的景物互相呼應，而且所有的建築群都是坐東朝西，有「紫氣東來」含意，此外山門、門樓皆朝向筏子溪的方向，充份地表現傳統建築與大自然交相呼應「天人合一」的理念。另古老建築講求「對應」，因此主體建築由「中軸線」（分金線）劃分成陰陽兩半，左屬陽，右爲陰。

張氏家廟為雙進雙護龍格局，寬闊的前埕，有半月池1座，半月池在居家風水上，除了具有「藏風聚氣」效果外，還有養魚、洗衣、消防等功能。第1進左右山牆上，各飾騏麟、朱雀圖案，其中騏麟堵上方有「日」，代表陽性，朱雀堵上方有「月」，象徵陰性。另左護龍入口上方鑲有「入則篤行」，右護龍出口上方則有「出則友賢」諸字，如此出入各得其門。過中庭，第2進為祠堂，奉祀文通等張氏歷代先祖神位，可見所有的香爐都帶雙「耳」，在意象上兩耳發於腎，腎主水，具有「源遠流長」意涵。

　　另附近安和路協和北巷3-7號，有佔地2400多坪的日祥休閒農場生機園地，園內栽種四季花木，提供生機飲食簡餐，為假日休閒的好去處。（04）2358-3118，週一園區休息。

 前往張氏家廟，循國道1號下台中港路交流道，走中港路3段（往沙鹿方向）至安和路左轉可抵。

 搭台中客運106路公車 ，或台中高潛力公車68路，「安和路口」站下車後，往安和路步行約10分鐘可抵。台中高潛力公車（04）2229-1716

張氏家廟視野開闊，在目前都會區內已相當罕見。

東海大學、東海商圈

台中市西屯區台中港路三段181號　（04）2359-0121

位於視野開闊的大度山上，居高臨下，是一所風格典雅的學府。校園內，形似飛帆的路思義教堂，始建於民國44年（1955），黃色琉璃面磚搭配著青青草坪，為名建築師貝津銘的經典作品，也是東海大學的代表景觀。除了造型獨特的教堂外，隱沒在樹叢間的學院系所，依地勢而建，採中國傳統四合院格局，有迴廊曲道、花草鳥樹，頗具韻味，令人有心曠神怡之感。數條

景色優美的景觀道路，四季變換著不同風情。比如從校門口到教學區的約農路，便是一條浪漫的綠蔭大道，這條曲線優美的道路，穿行於茂密的鳳凰木之間。到了每年6月，鳳凰花開季節，綠樹紅花，團團簇簇，有如著火一般，十分奪目。廣闊的東海大學，因此有「最美麗校園」的封號。

東海大學創校於民國42年（1953），秉持有教無類的教育原

鳳凰花開十分耀眼奪目。

風格典雅的路思義教堂。

則，創造一個能自由尋求真理的學術園地。同年11月11日，美國副總統尼克森(Richard M. Nixon)蒞臨台中大度山，主持東海大學奠基破土典禮。目前全校擁有6個學院，33個學系，4個獨立研究所，學生總計約14000人。

附近的東海商圈，因毗鄰東海大學而得名，其範圍以中港路一分為二，左邊俗稱「東海別墅」，以新興路、東園巷、遊園路為主軸，店家以服飾、日常用品及各種美味小吃為主，例如蓮心冰、牛肉麵、福州包、餃子館等等，不一而足。右邊為國際街，其中國際街2巷長約300公尺，風格獨特，素以藝術街坊而名聞瑕邇。街上有個性餐廳、咖啡茶店、生活精品店、民俗藝品店…，是條具有異國情調的街道。

 前往東海大學及附近商圈，循國道1號下台中港路交流道，走中港路3段（往沙鹿方向）可抵。

 台中客運106路、統聯客運83路公車，「東海大學」站下車，或台中高潛力公車68路「東海別墅」站下車。

台中都會公園

台中市西屯區西平南巷30之3號　（04）2461-2438
管理服務中心開放時間：9：00～17：00，週一休館。
戶外園區開放時間：6：00～18：00，（夜間開放區域至晚上9時）

長滿水生植物的「生態湖」。

　　台灣近年來一般民眾生活素質普遍提高，政府爲因應週休2日休閒遊憩環境之需求，特別於高雄、台中、台南、台北等地規劃了4座都會公園。其中之一，位於台中大肚山與沙鹿交界處的大型都市森林公園，是營建署繼高雄都會公園後，所完成的第2座都會公園。

　　這座面積廣達88公頃，具有休閒遊憩、美化環境、生態保育和防災避難等多項功能的公園，於民國89年10月28日正式啓用。園內有停車場、遊客服務中心、戶外表演廣場、種子日晷、觀星廣場、植物觀察區、賞月廊道、健康水道、生態湖、體能活動區及香花蜜源植物區等設施。步行全程約爲2小時，除了作爲植物保育和動物棲息場所之外，也同時提供市民眾觀星賞月、活動筋骨、戶外表演和郊遊踏青等多樣性遊憩人文活動空間，是台中市郊不可多得的戶外休閒公園。

 循國道1號下台中港路交流道，走中港路3段（往沙鹿方向），至遊園北路右轉，循指標（都會園路）行進可抵。

 台中客運88路（週6、日發車），「都會公園」站下車。

面積廣闊的湖泊，可供魚類棲息。

豐樂雕塑公園

台中市南屯區向心南路、文心南五交界處

豐樂雕塑公園屬台中市大型公園之一，完成於民國82年，是全台首座露天雕塑公園，園區佔地約6公頃，集結了台中市歷屆雕塑大展及資深雕塑家優秀作品共52件，如「母子同樂」、「嚮往」、「歡樂童年」、「舞」、「昇華」等等，布置在寬敞的陽光廣場、綠意盎然的林木與流瀑之間，將藝術之美融入美麗的景觀當中，讓人彷彿進入大自然的藝術殿堂，別具創意。其中，尤以流雲造型的拱橋、瀑布與人工湖，令人賞心悅目。

兒童親水區遊人如織。

園內設有涼亭、步道、親水區及兒童遊戲場等戶外活動區，每逢假日遊人如織，許多人在小山坡上散步、談心、放風箏…，其樂融融，把公園妝點得熱鬧繽紛。豐樂雕塑公園已儼然成為本市最佳的觀光據點之一，值得品味優雅的您，前往一遊。

 循國道1號下南屯交流道，走五權西路（往台中市區方向）至文心南路右轉，接文心南五路路至豐樂公園。

 台中客運70路公車於「衛生局」站下車或台中高潛力公車70路「豐樂公園」站下車。

令人賞心悅目的瀑布與人工湖。

萬和宮

台中市南屯區萬和路一段51號　（04）2389-3285

色彩綺麗的騏麟堵。

　　淳樸的南屯老街又稱「犁頭店街」，位於台中市南屯區南屯路一帶，為昔日往來彰化、豐原必經之地，原屬巴布薩平埔族「貓霧捒社」聚落，也是台中市最早開發地區之一。

　　位於犁頭店「直街」的萬和宮，創建於清雍正4年（1726），是一間香火鼎盛的媽祖古廟，正殿主祀「老大媽」、「老二媽」、「老三媽」、「老五媽」、「老六媽」等5尊天上聖母，後殿供奉觀音菩薩，為南屯地區重要的民間信仰中心之一。萬和宮最具特色的民俗「字姓戲」，起源於道光4年（1824），每年農曆3月起，由當地26姓信眾輪流出錢在廟前舉辦迎神賽會，

長達1個多月之久，人潮洶湧，盛況空前。另萬和宮迄今已有200多年，宮內收藏著「萬籟皆資」古匾、香爐、大鐘、神轎等歷代文物，彌足珍貴，民國74年，經內政部列為國家3級古蹟。

 循國道1號下台中港路交流道，走中港路（往台中方向），接黎明路右轉，至南屯路左轉，循萬和路右轉可抵。

 台中客運3、26路公車或仁友客運30路公車，於「南屯市場」站下車。

香火鼎盛的萬和宮。

望高寮

台中市南屯區大度山頂

望高寮位於台中市與台中縣交界處，居高臨下，視野開闊，是大肚台地的至高點，軍事地位重要，附近有3座古堡，當地居民稱爲「東海古堡」。二次世界大戰末期（1945），日人爲抵抗盟軍登陸，在台中南屯大度山區，開鑿了許多地下防禦工事，古堡之間有深數十公尺的水泥地道相通，形成寶山社區特殊的景觀。

望高寮最佳賞景時刻是晨昏之際，尤其雨後視野清晰時，站在瞭望台上，可見海上點點船隻。夕陽西下以後，清風徐徐，彩霞滿天，有如仙境般地讓人流連忘返。再晚一點，華燈初上，可以鳥瞰彰化、台中、梧棲和豐原等地萬家燈火的夜景，果能偷得浮生半日閒，在此享受清晨、日落和夜景，可說是人生一大樂事。

在大度山頂，除了望高寮美景以外，附近有公設「台中市可愛動物樂園」，園中飼養了許多大小狗，如果你喜歡狗狗，想領養的話，這裡會是最佳選擇。

台中市可愛動物樂園　台中市南屯區中台路601號（04）2385-0949

二次世界大戰末期，日人所建造的「東海古堡」。

前往望高寮，由國道1號下南屯交流道，走五權西路（往市區方向），緊接環中路4段右轉，至永春路右轉，循永春南路、中台路可抵。

 前往望高寮，A.搭台中客運106路公車於「監理所」站下車，步行約30分鐘可抵。B.台中高潛力公車89路「嶺東學院」站下車，步行約40分鐘可抵。

可愛動物樂園區頑皮動物館。

台中市2日遊行程建議

第1天：台中市區風景線

台中火車站→中山公園→台中孔廟→寶覺寺→國立自然科學博物館→精明一街→中興大學→台中市民俗公園

第2天：台中市郊風景線

逢甲夜市商圈→張氏家廟→東海大學→台中都會公園→萬和宮→豐樂雕塑公園→望高寮

台中縣

位於台灣中部，地形狹長，東臨台灣海峽，背靠中央山脈，幅員廣闊，清光緒12年台灣首任巡撫劉銘傳於境內置台灣府治，日據時代日人在此設「台中州」，人口因此遽增，地方逐漸繁榮。光復後，改稱台中縣。縣內轄有3市（豐原、大里、太平）5鎮（東勢、大甲、梧棲、清水、沙鹿）13鄉（后里、外埔、大安、龍井、大肚、新社、和平、神岡、石岡、大雅、潭子、霧峰、烏日）。

本縣近山面海，自然景觀豐富，依地勢高低，劃分為中橫公路、山線、海線等3大遊憩路線。其中中橫公路是境內自然觀光資源最為豐富的一條，著名旅遊景點有東勢林場、谷關溫泉、八仙山森林遊樂區、福壽山農場、梨山、雪霸國家公園等地區。山線從后里、豐原、石岡，一直延伸到霧峰省議會一帶，主要景點包括月眉育樂世界、石岡水壩、潭子摘星山莊、霧峰林家宅園、台灣省議會等等，其他像豐原廟東小吃、百年糕餅業，東勢大茅埔客家聚落，也都是極具地方色彩的人文景點。至於臨海的海線，則有大安濱海樂園、大甲鎮瀾宮、鐵砧山，高美濕地、清水紫雲巖、大肚磺溪書院及梧棲漁港等景點。

台中縣大雪山林場超級巨木。

大雪山林場美麗的雲海。

磺溪書院

台中縣大肚鄉磺溪村文昌街60號　大肚鄉公所　（04）2699-1105

　　磺溪書院為四合院傳統建築，格局方正，佔地約80坪，位於僻靜的鄉里之間，使這處古蹟益顯清靜淡雅。

　　跨過造型特殊的花形門，莊嚴肅穆的文昌廟，矗立於埕前廣場。廳前，為原木架構的軒亭，軒亭四隅，分別雕琢精美的木雕圖案，呈現出一片雄偉景象。正殿供奉文昌帝君，左右廂房有造型特殊的六角窗、瓶形門，極具古樸之美。此外，六角窗下，更以百年前的雕磚牆面而聞名於世。由整體建築設計上看，書院給人古樸典雅的感覺，從屋頂飛簷、樑柱架構、門牆、窗几到紅磚地板，到處可見各式各樣的紅磚組合，類似這種充滿古味的磚飾特色，在今天台灣傳統建築中確實已相當罕見，足與和美道東書院媲美了。

書院內，紅磚鋪就的瓶形門和六角窗。

循國道1號下王田交流道，由台1線省道進入大肚市區，從鄉公所前左轉文昌路，過鐵路平交道、文昌橋可抵。

A.海線火車於「大肚」站下車，出火車站右轉往本和街直走，於文昌路右轉過鐵路平交道、文昌橋可抵。B.台中車站搭仁友客運105、125路公車或豐原市搭豐原客運往大肚班車，於「大肚」終點站下車後，從鄉公所前左轉文昌路，過鐵路平交道、文昌橋可抵。豐原客運（04）2524-6603、0800-034175，仁友客運（04）2225-5492。

原木架構的軒亭，呈現雄偉景象。

大肚溪口

大肚溪是中台灣珍貴的賞鳥地點。

大肚溪又稱「烏溪」，發源於中央山脈合歡山西麓，全長100多公里，流經南投、彰化、台中3縣，是台中縣和彰化縣的界河，支流密佈（包括筏子溪、大里溪水系、貓羅溪、北港溪及眉溪），水量充沛，為台灣中部的重要河川之一。

大肚溪在麗水村附近出海，河、海交匯處，生態豐富，孕育了無數的潮汐生物，成為候鳥的移棲地，每年都有成群的鳥類過境，是中台灣珍貴的賞鳥地點。

另大肚溪出海口北側是台中火力發電廠所在，總發電量為570萬瓩，為國內最大發電廠。4支高度超過200公尺，以「飛鳥」為主題的彩繪煙囪，形成大肚溪出海口十分奇特的景觀，讓人有新鮮感受。

 循國道3號和美交流道，往西接74線（中彰快速道路）、17線可抵。

壯觀的彩繪煙囪。

梧棲漁港

台中縣清水鎮海濱里北堤路30號　（04）2656-2650、2657-8282
開放時間：9：00～20：00，進入港區須繳停車費50元。
遊客如欲搭船出海，應備妥身分證明文件（孩童需健保卡），以供查驗。

梧棲古稱「竹筏穴」，其後因牛馬頭溪分流五叉注入台灣海峽，因此又叫「五叉港」，後人取其諧音為「梧棲港」。日據時代日人擬於此處建港，稱「新高港」。光復後，政府接收新高港，易名為台中港。由於港區幅員廣闊，地位適中，目前總吞吐量近4000萬公噸，已躍居為台灣第2大港。

梧棲漁港遊艇碼頭。

位於台中港西北端的梧棲漁港是中台灣西海岸著名漁港，海域面積27公頃，是全國佔地最大的魚貨直銷中心。除此以外，港區並附設停車場、熟食區餐飲、濱海休閒公園、休憩步道、遊艇碼頭等各項遊樂設備，對喜愛海洋的朋友，走訪梧棲漁港是個不錯的選擇。無論買魚貨、吃海鮮、搭遊艇、聽海濤、觀漁火或海邊散步，將讓您享受到活潑與開朗的休閒樂趣，感受到本土海域之魅力，不虛此行。梧棲漁港呈現美麗自然的海洋風光，為國人陶冶身心，知性旅遊的好去處。

 由國道3號接4號國道下台中環線清水端，接台17線，經北堤加油站轉北堤路可抵。

 於豐原、沙鹿搭豐原客運往台中港班車，至「北堤」站下車。

梧棲漁港擁有全國佔地最大的魚貨直銷中心。

台中港區藝術館

台中縣清水鎮忠貞路21號 （04）2627-4570

開放時間：9：00 ～ 17：30，週一休館。

藝術中心所在位置，背山、面海、鄰河，原爲昔日平埔族牛罵社祖先之生活地，清朝時期稱「牛罵頭社地」。當初建館挖鑿地基時，曾發現大量的陶片、貝殼、人骨、鹿骨及鐵器，這些文化遺產距今400至2000年前，研判應是派布拉族牛罵社早期遺址。

如今的港區藝術中心，建築採閩南式傳統設計，古典雅緻，是個具有國際瞻觀和本土文化色彩的藝術展覽場所，在面積廣達6787坪的土地上，建有展覽廳、演藝廳、戶外劇場休閒區、研習教室、國際會議廳及行政區，除了行政區外，每個廳都有不定期的展覽活動。至於開放式的戶外廣場，更是典雅寬敞，非常適合假日全家大小一起出遊。

 由國道3號接4號國道下台中環線清水端，接台1線省道進入清水市區，走中山路、鰲峰路，過鐵路平交道、中華路，走鎮政路可抵。

 由台中市仁友總站搭聯營555路公車，至「南社里」站下車。

建築別具特色的台中港區藝術館。

大肚、清水、大甲風景線

35

清水紫雲岩

台中縣清水鎮大街路206號　（04）2622-5500

開放時間：04：00～23：00

香火鼎盛的紫雲巖。

王塔米糕

台中縣清水鎮中興街30之1號

（04）2622-3299

阿財筒仔米糕

台中縣清水鎮西寧路105號

（04）2622-9853

蔡家肉圓

台中縣清水鎮中山路187號

（04）2623-2592

士官長麵條

台中縣清水鎮中社路5之37號

（04）2626-6618

　　紫雲岩當地人稱為「觀音亭」，位於鰲峰山西麓，始建於清康熙年間，已有300多年歷史，是座香火鼎盛的古剎。

　　民國68年重建完成的紫雲岩，廟貌宏偉，金黃琉璃瓦屋頂，櫛比鱗次，直抵後殿，氣勢非凡。大雄寶殿為2層樓建築，殿內堂皇華麗，主祀觀音佛祖，正殿左右各建一座3層樓高的寶塔鐘樓。殿後，附設花園，園中立有乾隆43年（1778）的古碑1座，推石為山，小橋流水，游魚可數，是香客休憩之好處所。

　　另清水老鎮著名小吃有王塔米糕、阿財筒仔米糕、蔡家肉圓、士官長麵條等等，便宜又好吃，令人垂涎三尺。

前往紫雲岩，由國道3號接4號國道下台中環線清水端，接台1線省道進入清水市區，接北寧街「紫雲岩牌坊」可抵。

前往紫雲岩，搭海線火車於「清水」站下車，或台中市仁友總站搭聯營555公車「清水」站下車。

鰲峰山運動公園

鰲峰山運動公園又名「清水公園」，位在鰲峰山麓，佔地面積約60公頃，園內遍植相思樹林，綠蔭敞天。地形起伏多變，坡度較大，建有烤肉區、雕塑公園、自行車場、石瀨頭公園、槌球場、健身廣場、牛罵頭文化園區及親鳥公園等設施，為一處多功能，老少咸宜的運動公園。

沿著公園蜿蜒的山路走走看看，微風撲面，清涼沁人，頓感暑氣全消，原本緊湊的生活步調就這樣緩和了下來。此外，公園下方有條長約1000公尺的長堤，堤上滿佈大小石頭。堤旁有成列的行道樹，開著紫色花朵，落英繽紛，非常漂亮，是人們談心散步的好去處。

 由國道3號接4號國道下台中環線清水端，接台1線省道進入清水市區，走學園路接中清路可抵。

 海線火車於「清水」站下車，或台中市仁友總站搭聯營555公車，「清水」站下車後，走學園路接中清路直上山頂。

滿佈大小石頭的長堤，是人們談心散步的好去處。

高美濕地

台中縣清水鎮大甲溪出海口　清水鎮公所　（04）2627-0151

聳立雲端的高美燈塔。

根據《彰化縣志》記載，早期的高美稱為「高密」，日治時代改稱高美，其涵蓋範圍，包括今天的台中港防風林以北至大甲溪出海口以南，面積約300公頃的沿海濕地，因擁有複雜的地貌，如沙灘、泥地、草澤、溪流、荒野…，而孕育多樣化的自然生態，如台灣招潮蟹、淡水泥蟹、斯氏沙蟹等低棲生物和各種魚貝類，提供鳥類豐富的食物來源及棲息地。在水鳥部分，有鷸科、鷺科、雁鴨等120餘種，包括黑面琵鷺、黑嘴鷗等瀕臨滅絕的鳥種，成為賞鳥人士的新天堂。

除了豐富的生物資源

以外，黃昏時候走在海邊欣賞高美夕陽，蔚藍天空中浮現五彩的雲霞，遠處空曠的濕地上，金波銀濤，映入眼簾，伴著水鳥在空中任意遨翔。連日來的忙碌奔波，就在海風陣陣的吹撫當中，頓時化為烏有。高美濕地具有豐富的人文（如高美燈塔）、自然等景觀，有空走一趟，必定讓您滿載而歸。

 由國道3號接4號國道下台中環線清水端，走17線（臨海路），61線道（西濱快速道路）北行可抵。

 海線火車或台中市仁友總站搭聯營555公車於「清水」站下車，轉搭巨業客運往高美班車於「王厝」終點站下車，步行約5分鐘可抵。巨業客運（04）2225-7003。

綺麗的高美濕地夕陽。

大甲鎮瀾宮

大甲鎮順天路158號 （04）2676-3522

鎮瀾宮始建於清雍正10年（1732），迄今已有200多年歷史，採中國傳統宮殿式建築，黃色琉璃瓦的殿堂，雕樑畫棟，益顯莊嚴肅穆。大殿主祀媽祖神像，香火鼎盛，信徒遍佈全國，為台灣重要民間信仰之一。

「大甲媽祖繞境出巡」活動，人潮洶湧的景象。

每逢農曆3月23日媽祖生日當天，鎮瀾宮舉辦盛大的「媽祖繞境出巡」活動，屆時10多萬各地信徒紛紛湧入宮內，深受敬仰的媽祖，在信徒虔誠簇擁下，浩浩蕩蕩地由大甲出發，經長途拔涉前往新港朝天宮進香遶境，再徒步回來，前後歷時8天7夜。媽祖所到之處，人潮洶湧，熱鬧的場景，盛況空前。是台灣近百年來，馳名中外倍受各界矚目的宗教活動之一。

裕珍馨餅店（大甲酥餅） 大甲鎮蔣公路133之1號（04）2686-1759

 循國道3號下大甲交流道，接132線（甲后路）、水源路至大甲，循中山路、順天路可抵。

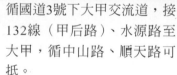 搭海線火車於「大甲」站下車。或由台中市搭豐原客運往大甲班車，於「大甲」站下車。

大肚、清水、大甲風景線

鐵砧山風景區

台中縣大甲鎮成功路87號 （04）2687-4543

　　大甲鐵砧山以外觀酷似「鐵砧」而得名。昔日因地勢險要為軍事重地，今日則為觀光景點。鐵砧山風景區佔地廣闊，設施依地形而建，包括劍井、國姓廟、延平郡王像、忠烈祠及永信運動公園等等。其中尤以劍井的神秘傳說最為神奇，相傳昔日鄭成功在鐵砧山駐軍墾屯，適逢大旱，於是拔劍插地而得甘泉，因此這口井又叫「國姓井」。井旁有塊石碑這樣寫道：「台北府新竹縣大甲鐵砧山國姓井，相傳鄭成功駐兵處被困乏水，以劍插地得甘泉，大旱不涸，年年清明前，有群鷹自鳳山來聚哭，不至疲憊不止。或云：兵魂固結而成，山麓田螺斷尾能活。謂當時螺殼棄置者均著奇異，僕曾經其地思古蹟不可磨滅爰

集同人建廟立碑為記，以誌久遠云。」，由此可知，鐵砧山劍井的傳說是有歷史根據的。鐵砧山自然景觀豐富，是中台灣一處綠意盎然的風景區，值得您攜家帶眷，前往一遊。

 循國道3號下大甲交流道，接132線（甲后路）至大甲，循中山路、12線鄉道（成功路）可抵。

 由台中市搭巨業客運往通宵班車，於「鐵砧山」站下車後，步行前往。

壯觀的延平郡王像。

大安濱海樂園

台中縣大安鄉福住村北汕路86巷1號　（04）2688-6288
開放時間：每年夏季5月1日～10月底，8：00～18：00。

「大安濱海樂園」原名大安海水浴場。園內設備完善，除了美麗、綿延的沙灘之外，還有多項水上遊憩設施，包括停車場、濱海餐廳、小吃部、原野樂園、雕塑公園、露營烤肉區、小木屋、空中滑水道、大小戶外游泳池、室內養生池、清涼沖瀑池、親子戲水區、3D立體電影及親水長堤等等。其中尤以入口處漆紅的跨海大橋，是大安的新地標，也是遊人欣賞海濱美景的理想地點。

大安濱海樂園除了多元化的遊樂設施，每逢假期經常舉辦各種活動，例如泳裝秀、輕航機、拖曳傘、水上摩托車水中尋寶、水上腳踏車、沙雕、沙灘拔河等精彩活動，讓每一位到這裡的遊客，都能享受到歡樂、過癮的夏日海洋假期。

 循國道3號下大甲交流道，接132縣道（甲后路），過大甲西行可抵。

 在大甲搭豐原客運往安田班車，於「安田」站下車，豐原客運（04）2524-6603、0800-034175。

大安濱海沙灘。

大肚、清水、大甲風景線

41

護國清涼寺

台中縣太平市長龍路三段259號 （04）2278-9353

台中縣太平市舊名「鳥榕頭」，於民國39年易名爲太平鄉，到了85年由於人口劇增，各項建設，突飛猛進，因此升格爲太平市。

位於太平市頭汴坑溪上游的護國清涼寺、酒桶山，是當地有名的旅遊景點之一。

清涼寺大雄寶殿，空間結構嚴謹。

護國清涼寺創建於民國72年，屬佛教淨土宗聖地，是台中太平地區最大佛寺。

仿中國傳統寺廟建築，依山而建，四周環境優美，前有清溪迴繞，後有群山環抱，氣象萬千，景色宜人。「品」字形格局的清涼寺，從中軸線上依次建有天王殿、大雄寶殿及無量光殿。前殿供奉氣勢逼人，魁梧奇偉的風（廣目）、調（增長）、雨（持國）、順（多聞）等四大天王神像。除了主體建築以外，另有大悲殿、普賢殿、文殊殿、地藏殿、念佛堂及開山堂等殿堂，空間結構嚴謹，頗具大陸風格，爲煮雲、慧顗法師歷經多年所精心規劃的寺院。

另清涼寺附近，有頭汴坑蝙蝠洞，該洞是日冶時期所開鑿的灌溉渠道岩洞，洞內幽暗曲折，早期常有大批蝙蝠棲息，因此稱爲「蝙蝠洞」。其後，由於遊客日眾，洞穴生態改變，蝙蝠紛紛遷移它處，目前僅留岩洞及亂石橫陳的溪谷，供遊人尋幽探勝。

前往清涼寺或蝙蝠洞，從台中市東區振興路接136號縣道，往太平方向東行，走長龍路即抵。

前往清涼寺、蝙蝠洞，由台中市搭豐原客運往太平—茅埔班車，在「清涼寺」站或「蝙蝠洞」站下車。

酒桶山、月光森林

台中縣太平市東汴里山田路長青巷26號　（04）2278-9520
營業時間：12：00 ～ 21：00

太平酒桶山原名「五酒桶山」，位於台中縣東汴一帶，即太平市與新社鄉的交界處，海拔997公尺，地處偏遠，人煙罕至，沿途林木茂盛，生態景觀豐富。聽說明朝末年，鄭成功來台，一日率領軍隊路過此地，適值嚴冬，天寒地凍，軍士們苦不堪言。此時，突遇一白髮老翁從山下送來香醇的五桶美酒犒賞將士。軍紀嚴明的鄭成功特地派人前往致謝，但老人卻在瞬間消失的無影無蹤，一時之間傳為佳話，此為「五酒桶山」地名之由來。

酒桶山除了「傳奇故事」之外，位於山上有一處美麗的「月光森林」庭園，園區提供五星級的餐飲美食，坐在咖啡木屋，飽覽夯麗的景色，欣賞「遠山似煙輕漠漠，輕風如雨冷瀟瀟」美景，山間無喧囂，惟獨白雲悠悠，遠山近樹，台中盆地的美色盡入眼簾。遇到天氣晴朗的夜晚，可以遠眺大台中地區的萬家燈火，還有朦朧月色、滿天星斗。晨霧、雲海、綠林、日落、星光、月色、燈海…加上美食，「月光森林」讓人徘徊流連，不捨離去。

另「月光森林」後方有酒桶山步道，此步道是太平市最高的登山步道，附近還有仙女瀑布群、侏儸紀公園等景點，想暫時擺脫城市的繁忙步調嗎？月光森林是您最佳選擇。

 從台中市東區振興路接136號縣道，往太平方向東行，走長龍路，過頭汴坑護國清涼寺、蝙蝠洞左轉茅埔，循指標前進，約30分鐘車程可抵。「月光森林」距東勢、谷關不遠，由此前往埔里、日月潭約1小時車程。

 於台中市搭豐原客運往太平—茅埔班車，在終點站「茅埔」下車，步行約1個半小時可抵。
豐原客運（04）2524-6603、0800-034175。

美麗的「月光森林」庭園餐廳。

太平、霧峰風景線

43

金陵山宗教休閒園區

台中縣霧峰鄉峰谷路900號　（04）2333-8899
開放時間：9：00～17：00

規模宏偉的至善園。

供民眾有關地震之活教材，加強社會大眾重視地震防救教育，深具意義，值得前往觀摩。

九二一地震教育園區　台中縣霧峰鄉復興路一段42號（04）2339-0906開放時間：9：00～17：00

金陵山群山疊翠，樹林蒼鬱，為一座聖山。園區佔地20餘公頃，具有休閒、觀光、宗教等多項功能。

至善園，為仿古宮殿式建築，殿內供奉著9公尺高的地藏王菩薩，金碧輝煌的圓頂挑高21公尺，正殿木門門高6.4公尺，以花梨原木精雕完成。除了莊嚴宏偉的至善園以外，還有大願殿、九龍壁、基督教堂、一貫道祖師紀念碑及天壇等建築，美輪美奐的金陵山提倡五教融合，也是五教融合的聖地。另位於山腳下的「光復國中斷層隆起」現址，政府保存了災區現場，規劃改建為「九二一地震教育園區」，提

前往金陵山，循國道3號下霧峰交流道，到霧峰右轉中正路左轉新生路，沿指標可抵。

由台中市干城站搭豐原客運往南投班車，於「霧峰」站下車後，轉搭計程車前往。

光復國中斷層隆起災區現場。

省議會紀念園區

台中縣霧峰鄉中正路734號　（04）2331-1111

　　省議會紀念園區位於霧峰往草屯的外環道路，沿著高聳的椰林大道前行，道路兩側各有一座花園，花木扶疏，非常美麗，來到道路盡頭處即是民主圓環、議會大樓。

議會會址改為「省議會紀念園區」，今後將朝設立「地方自治博物館」方向進行，有興趣的民眾可自由前往參觀。

議會前高聳的椰林大道。

　　建於民國47年的議會大廈為2層樓建築，圓頂造型的議事堂建築，古典雅緻。周遭的庭園，青翠欲滴，綠草如茵，使人有如置身綠野之感。園內設置賞心悅目的水池及綠蔭池畔，議會四園，楓樹林立，非常適合深秋到訪。另議會後山有美麗清幽的梅園小徑，涼亭附近林木蓊鬱，為休閒及眺望人工景緻的最佳處所。

　　於民國87年12月18日精省之後的台灣省議會改制為「諮議會」，省

 循國道3號下霧峰交流道，到霧峰左轉中正路可抵。

 從台中市干城站搭豐原客運往南投班車，於「省議會」站下車。台中市公車100在省資議會下車；台中市公車103、107、108在光復新村（坑口）下車。

太平、霧峰風景線

霧峰林家宅園

台中縣霧峰鄉萊園路91號　（04）2339-3071

開放時間：8：30～16：00

九二一地震前的霧峰林家宅園。

毀於921地震的霧峰林家花園，預定在民國95年重建開放，園區佔地遼闊，分為頂厝、下厝、萊園等3大部分。「頂厝」包括景薰樓、蓉鏡齋、新厝、頤圃。「下厝」包括草厝、宮保第、大花廳、二房厝、二八間。至於「萊園」，則有五桂樓、小習池、荔枝島及林氏祖墓等等。

光緒19年（1893）台灣5大家族中的林氏舉人林文欽，因經營樟腦生意而致富，於是開始建造古色古香的中式庭園，其後，便以「霧峰林家花園」之名盛傳全台。萊園佔地約3甲，依山傍水，風景秀麗，有木棉橋、鐵砲碑、石頭公、五桂樓、飛觴醉月亭、櫟社紀念碑、荔枝島、小習池及林家祖墳等古意盎然的紀念景點，供遊客憑弔及瞻仰。值得一提的是，日治時代林文欽之子林獻堂，以從事不流血的文化抗日活動而名噪一時，對於台灣同胞的民族啓蒙運動貢獻良多，民國元年（1912）梁啓超等一行人訪台時，曾下榻於「萊園」的五桂樓內。

古色古香的林宅從清代中葉一直到日治時代，100多年期間的建築群中，早期具有唐山師傅的傳統手藝，後期建築則溶入部分中、西、日合併式的建築設計，我們從霧峰林家可以看到源自不同年代的建築特色，這是林家宅園引人入勝的地方。此外，霧峰林家的建築具有龐大的空間設計和完整的體制，充分地表達了一個古代家族的聚落群規模，這些特點在當時台灣一般官紳民宅中，相當罕見，因此，名列國家2級古蹟。

循國道3號下霧峰交流道，到霧峰左轉中正路，接萊園路可抵。

 從台中市干城站搭豐原客運往南投班車，於「霧峰」站下車，走萊園路，步行約數分鐘可抵。或於台中搭仁友客運747、777號往省訓團方向班車，至「霧峰」站下車。

霧峰林家宮保第「支摘窗」。

太平、霧峰風景線

47

摘星山莊、廟東小吃

台中縣潭子鄉潭富路二段88號《三級古蹟》

美輪美奐的摘星山莊。

摘星山莊完成於清光緒5年（1879），格局方正，為四合院多護龍建築。民國72（1983）高端、岡崎等2位日本古蹟修護專家，在無意間參訪該古蹟後，讚歎不已，並將摘星山莊評為台灣10大名宅之首。

摘星山莊佔地2200多坪，門樓上方題著「九天星斗煥文章」，左右聯分別嵌著：「江山獻秀明新景」、「樓閣增輝壯巨觀」等詩句。門樓內有寬廣的前埕，埕前，蒼翠的竹林和清幽的半月池，常見飛鳥、游魚穿梭其間，景色怡人。

第1進爲「樹德堂」，門楣上懸著「文魁」匾，堂內兩側字畫，雖因年代久遠而有些模糊，但細緻典雅的風貌卻處處可見，「無處不雕，無處不書，無處不畫」正是摘星山莊的最大特色。第2進正廳，門楣上方有「進士」匾，爲同治13年（1874）林文炳通過科會考試時所立，正廳供奉林姓歷代祖先牌位，百年前留下之建築木刻雕作，諸如斗拱、屏門、窗櫺及供桌等，皆出自早期唐山師傅高明手藝，在人物、靜物上的彩繪也格外生動活潑，至於精美交趾燒等裝飾藝術尤其細緻突出，令人百看不厭。摘星山莊眞是好一座充滿著藝術氣息的古厝，值得您我細細品味。

位於豐原市中心慈濟宮旁，中正路167巷的廟東小吃，爲豐原一帶著名的地方小吃，有傳統美味的閩南肉圓、蚵仔煎、米糕、涼圓、清水排骨麵、日本料理店、臭豆腐和冰品店等等，應有盡有。

 前往摘星山莊，循國道1號下豐原交流道，往東走10號省道，接圓環南路、中山路南下，到潭子加工區前右轉潭富路可抵。

 由台中車站搭豐原客運往豐原方向班車，於「潭子加工區」站下車，走潭富路至2段，約20分鐘可抵。

充滿著藝術氣息的精美畫作。

月眉育樂世界

台中縣后里鄉安眉路115號　0800-054080

開放時間：9：00～17：30，每年7、8月開放夜間營運為 9：00～21：00（依現場公告為準），搭配主題活動，有促銷特惠價。

月眉育樂世界佔地約200公頃，目前已開放的主題樂園有童話夢幻的「探索樂園」及「馬拉灣」水上樂園。探索樂園佔地19.4公頃，採用未來世界的時空場景與中西合併的城堡建築，呈現童話故事的夢幻世界。如充滿驚險刺激的青少年區－D Sereat，可體驗世界唯一的斷軌式雲霄飛車「搶救地心」，也可以到最卡哇伊的兒童區－妙妙谷，另有自由翱翔的「飛象藍天」可愛逗趣的「小蝸牛」，讓人流連忘返。除此以外，還有各式精彩的劇場表演及12生肖花車大遊行，都深受大小朋友們的喜愛。

「馬拉灣水上世界」佔地5.5公頃，以浪高2.4米的人工大海嘯著稱，園內除了異國風情的高空快速滑水道「極速勇士」外，還有漂流式SPA河道「漂漂河」、互動式親水城堡及為小朋友設計的「思瑪湖」等戲水設施，讓遊客到「馬拉灣」就像出國渡假旅遊一樣快樂。

月眉育樂世界融合娛樂、休閒、教育、購物等多功能設施，以國際化高水準的娛樂休閒為目標，足以滿足遊客全方位的休閒娛樂需求，在不久的未來將成為東南亞地區首屈一指的渡假勝地。

月眉除了育樂世界外，還有千年大樟公、台糖月眉廠（吃枝仔冰）等景點，千年大樟公又名「澤民樹」，位於月眉村雲頭路45～1號附近。至於擁有百年歷史的月眉糖廠，是台灣最早以蔗渣燃燒發電的工廠，保留著全國唯一的囪底隧道，是假日休閒的好去處。

月眉澤民樹
台中縣后里鄉月眉村雲頭路側
后里鄉公所
（04）2556-2116

月眉糖廠以生產各種好吃的「枝仔冰」著名。

月眉千年
大樟公。

台糖月眉廠　台中縣后里鄉甲后路
864號（04）2556-1100　8：00～
17：00。

（非每班車都有到月眉育樂世
界），搭車前請電（04）
2524-6603查詢。

 前往月眉育樂
世界，循國道1
號下后里交流
道，走甲后路
可抵。

 由台中車站搭
豐原客運往大
甲班車，於
「月眉育樂世
界」站下車

深受遊客們喜愛的漂流式SPA河
道「漂漂河」。

五福臨門神木

台中縣石岡鄉龍興村　石岡鄉公所　（04）2572-2511

位於石岡鄉龍興村有棵由相思樹、楓樹、楠樹、樟樹、榕樹等5種不同的樹合抱而成的千年神木，樹蔭蔽地，綠葉繁茂，鄉民喻為神祇。民國64年蔣經國先生賜名為「五福臨門神木」，期其能被澤鄉民與天地同長。

相傳清朝時代神木樹幹下方供有1尊土地公，香火鼎盛，靈驗異常，為當地村民信仰、休憩的聚集地。另神木附近有石岡觀光果園，風光綺麗，山村溪谷，頗具自然風味，令人流連忘返，是夏日午後旅遊休閒的好去處。

前往神木，由國道1號接國道4號下台中環線豐原端，走台3線（往東勢方向），經石岡水壩、社寮角，循指標右轉萬仙街，順山路上行約2公里可抵。

從豐原市搭豐原客運往龍興村班車，於「神木」站下車。

樹蔭蔽地的五福臨門神木。

石岡水壩、東豐自行車道

石岡壩管理中心 台中縣石岡鄉豐勢路1238號 （04）2572-2992

石岡水壩位於大甲溪最下游，距東勢鎮約6公里。它是1座由國人自行設計完工的水壩，起建於民國63年10月，至66年10月完工。921地震後有效蓄水量為80萬立方公尺，主要功能是調節上游各水力電廠發電尾水、供應大台中地區的民生及工業用水。從壩底往上看，長達700公尺的壩體十分壯麗。

石岡水壩。

水壩上游攔蓄成為1座大湖，湖面煙波浩瀚，山靈水秀，此處最饒情趣。下游則疊石成堆，有山有水，相映成趣，是一處野遊釣魚的好地方。另水壩附近的生態景觀保持完整，未來將闢建為河濱公園，並設置參觀台，包括旅遊服務處、餐飲部及生態停車場。

石岡水壩附近有長約11公里的東豐自行車綠廊及后豐鐵馬道（長約4公里），2線共16公里，這2條以廢棄鐵道改建而成的綠色長廊，沿線風光美麗，各具特色，每逢週末假日經常吸引許多遊客前來。

 前往水壩，由國道1號接國道4號下台中環線豐原端，走台3線（往東勢、谷關方向），行約7公里，循指標即抵。

從台中或豐原市搭豐原客運往卓蘭、東勢、谷關班車，於「石岡水壩」站下車。

綠色長廊東豐自行車道。

豐原、后里、石岡、谷關風景線

大茅埔客家聚落村

台中縣東勢鎮大茅埔慶東里、慶福里

依山傍水的大茅埔客家聚落村。

　　大甲溪畔的東勢大茅埔一帶，保留了百年前完整的客家聚落群。

　　相傳150年前，有堪輿地理師易庚麟等3人，有一天，從大甲溪對岸的高處向著東方望去，發現遠處的山形，像一頭朝著大甲溪畔俛曲而坐的公牛，易庚麟知道位於「牛肚」附近，即今東勢大茅埔慶東里是塊難得的風水寶地。於是泰興宮就建在當初地理師點出的龍穴上，即「公牛」的生殖器位置，以祈求「丁」、「財」兩旺。

　　我在多次造訪大茅埔以後，發現前人從選庄、建庄開始，到庄內道路以及四周安全諸問題上，都曾經過十分嚴謹的整體規劃。如今的大茅埔聚落群，並沒有因為時代變遷和進步而改變許多，當初先民為因應安全而設計的11條舊巷道，也未遭嚴重破壞，倘若嚮往百年前純樸的農鄉景象，台中縣大茅埔是個不錯的選擇。大茅埔資深嚮導張圭燊先生（04）2585-3449。

由國道1號接國道4號下台中
環線豐原端，走台3線（往東
勢、谷關方向），過東勢大
橋，走8號省道經上城即抵。

 於台中市搭豐原客運往谷關
班車，於「大芋埔」站下
車，班次不多，搭車前請電
（04）2588-3091查詢。

石岡土牛國小內的「土牛地界碑」紀念亭。清乾隆26年（1761）彰化知縣張立，勘定以朴子
籬為界，在南北285丈5尺長的範圍內，設置了19座土牛土堆，並且立碑，作為土漢的地界
線，這是土牛地界碑的由來。

東勢林場

台中縣東勢鎮東新里勢林街6-1號　（04）2587-2191

東勢林場美麗的「忘憂池」。

火蟲館、藥草園區及森林浴場等等，天然景色優美，生態資源豐富，是中台灣渡假休閒的最佳去處之一。

A.由國道1號接國道4號下台中環線豐原端，走3線省道（豐勢路），過東勢大橋，往東勢方向，循指標至東勢林場。B.台中市→大坑→中興嶺→新社→東勢→循勢林街至東勢林場，約1個半小時車程可達。

於豐原站搭豐原客運往「東勢林場」班車，約1小時車程可達，或週6、日於台中站金沙百貨前搭豐原客運往「東勢林場」班車，約2小時車程可達。

東勢林場舊稱「四角林」，位於台中縣東勢鎮的大安溪畔，介於海拔500～700公尺，場區面積約225公頃。在日據時代原屬台中州農業經營林地。光復後，民國68年，開始改變經營策略，採取以「森林遊樂」為主的多角化經營方式，除了種植賞心悅目的四季花木（如梅樹、櫻花、杜鵑花、油桐）以外，還增添各項遊樂設施，並推廣健康森林浴等活動。從民國73年正式對外開放以後，甚獲各界好評，目前已成為國內森林遊樂的示範園區。

林場內設備完善，有停車場、露營區、烤肉區、梅園餐廳、體訓場、渡假木屋、美輪美奐的農推大樓、忘憂池、蝴蝶谷、賞鳥區、螢

觀 水 薌

台中縣新社鄉福興村美林89-1號　（04）2594-2535

以松、竹、水、石、木為建材的觀水薌。

　　新社鄉福興社區位於大甲溪畔，標高500～1100公尺，是個依山傍水，群山環繞的山城，境內空氣清新，民風淳樸，擁有自然美麗的田園風光。近一兩年來，國內觀光旅遊如雨後春筍般地興起，每逢星期假日，山明水秀的新社鄉，總是車馬絡繹，有香菇商店街、白冷圳（東南亞最長的倒虹吸工引水渠道）、大甲溪垂釣烤肉、安妮公主花園、天籟園、千樺庭園咖啡及福龍水橋等遊憩景觀，其中，具有濃郁人文氣息的「觀水薌」，更是其中的翹楚。

　　觀水薌休閒農場前臨大甲溪，背枕白冷圳，居高臨下，視野遼闊，令人賞心悅目。「觀水薌」以人文、休閒、心靈為主軸，造景以松、竹、水、石、木為建材，園內有古色古香的山門、魚池禪園、精緻木屋、觀景台、肖楠步道、星空

小築、梅園及桃林等設施，「行看流水坐看雲，日觀青山夜觀星」，風格獨特，渾然天成，讓人徘徊流連，不捨離去。如果幸運的話，您會遇到白冷圳人文導覽犬「皮皮」「胖胖」帶您到「白冷圳觀光步道」瀏覽散步，十分有趣。適逢週休日，到禪境風格的觀水蘋，伴您度過美麗悠閒的假日時光，是個不錯的新選擇。

 由國道1號接國道4號下台中環線豐原端，走3線省道過東勢大橋，走8號省道，右轉「龍安橋」，循指標可抵。

 由台中站搭豐原客運往谷關班車，於「馬鞍寮」站下車，步行約1小時可達，豐原客運（04）2524-6603、0800-034175。

福龍水橋遊憩景觀。

八仙山國家森林遊樂區

台中縣和平鄉東關路一段平仙巷22號　（04）2595-1520。
開放時間：7：00～17：30。

　　八仙山林場之開發始於日據時代，台灣光復後，「豐原出張所」改制為八仙山林場。八仙山森林遊樂區係早期八仙山林場佳保台分場舊址，介於海拔1300～2000公尺，林地面積廣闊，適宜林木生長，以台灣二葉松、台灣五葉松、香杉、紅檜、扁柏、杉木及肖楠等針闊葉混淆林為主。站在充滿密林的山徑上，清風徐來，盎然生意，更能體會到山林漫步的趣味了。路旁設有建築風格不同的各式涼亭，供行客休憩。然以附近群山環繞，林木森森，鳥類繁多，因而步道不斷地擴延，現已成為中部一個重要的賞鳥地點。

　　遊樂區內有遊客中心、登山步道、櫻花林、植物標本園區、林間教室、八景紀念碑、神社遺址、孟宗竹林、觀景平台、肖楠巨木、生態教室及靜海寺等自然人文景點，加上十文溪及其支流佳保溪貫穿全區，山橫水錯，風光明媚，水質清澈，是中台灣低海拔區最佳的森林浴場。

 由國道1號接國道4號下台中環線豐原端，走3線省道過東勢大橋，走8號省道（往谷關方向），過「篤銘橋」右轉，循指標可抵。

 由台中站搭豐原客運往谷關班車，於「佳保台」站下車，步行約半小時可達。

八景紀念碑。

谷關溫泉

台中縣和平鄉

谷關溫泉位於台中縣大甲溪畔，海拔800公尺，風景秀麗，是中部橫貫公路上幾個令人嚮往的旅遊勝地之一。谷關的溫泉泉質甚佳，屬弱鹼性碳酸泉，泉溫約48度，可以飲用，也可以沐浴，聽說對腸胃病、風濕症、關節炎等具有療效。谷關早在日治時代即有溫泉浴場，目前全區已闢建溫泉旅館數十家，設備完善，有龍谷、谷關、皇家、神木谷、伊豆及明治等飯店，附近餐廳、商店林立，十分熱鬧。

到谷關，除了享受溫泉泡湯外，捎來、谷關吊橋也是遊客必到之處，興建於民國75年的捎來吊橋，位於谷關郵局附近，橫跨大甲溪兩岸，以泰雅原住民部落頭目「捎來」而命名，沿著吊橋可通往對岸的溫泉旅館、店家，山村吊橋，渾然天成，自成一景。

 由國道1號接國道4號下台中環線豐原端，走3線省道（豐勢路），過東勢大橋，走8號省道，循指標可抵。

 由台中站搭豐原客運往谷關班車，於「谷關」終點站下車。班次不多，搭車前請電（04）2588-3091查詢。

谷關捎來吊橋。

幽美的孟宗竹林。

大肚、清水、大甲風景線1日遊行程建議

A.后里月眉觀光糖廠→台中港區藝術館→清水高美濕地→高美玫瑰園→
梧棲漁港休憩用餐→台中港商店街→大肚溪口賞鳥。

B.磺溪書院→大肚溪口賞鳥→梧棲漁港→台中港區藝術館→清水紫雲岩
→高美濕地→大甲鎮瀾宮→大甲鎮鐵砧山風景區

太平、霧峰風景線1日遊行程建議

護國清涼寺→月光森林→金陵山宗教休閒園區→省議會紀念園區→台中
縣霧峰林家宅園

豐原、后里、石岡、谷關風景線2日遊行程建議

第1天：月眉育樂世界→五福臨門神木→石岡水壩→大茅埔客家聚落村
→東勢林場（過夜）

第2天：八仙山國家森林遊樂區→谷關溫泉

豐原、后里、石岡、谷關風景線

南投縣 位居台灣中央，全境爲台中、彰化、雲嘉、高雄及花蓮等縣所環繞，除了西邊有局部盆地、丘陵以外，山地面積佔83％，爲本島唯一不濱海的縣。

日治時代置「南投郡」，隸屬台中縣。光復後，始設南投縣，轄有南投市及草屯、名間、集集、竹山，鹿谷、信義、中寮、國姓、魚池、水里、埔里、仁愛等12鄉鎮，縣內山明水秀，自然景觀極爲豐富，旅遊勝地之多，居全國之冠。其中較著名的觀光景點有日月潭、溪頭、合歡山、玉山國家公園、八通關古道、集集火車站、明新書院、水里蛇窯、紫南宮、九份二山震災紀念地、廬山溫泉、奧萬大賞楓、清境農場、合歡山及東埔溫泉等等，各具特色，是週休2日遊的最佳選擇。

玉山國家公園美麗的雲海。

國立台灣工藝研究所

南投縣草屯鎮中正路573號　（049）236-7805
開放時間：09：00～17：00，星期一及國定假日休館

民國88年7月，台灣省政府組織變革，「台灣省手工業研究所」改制爲「國立台灣工藝研究所」，所內設有工藝陳列館開放給一般民眾參觀。

遊客可至走廊參觀本土傳統工藝技術。

研究等各方面資訊，爲兼具知性與感性的工藝園區。

另位於草屯熱鬧商區，碧山路與中山路交叉口，有位老阿伯，每天早上5點至8點，在此賣古早味手工麻糬，香Q可口，非常好吃，值得品嚐。

 前往工藝研究所，由國道3號下草屯交流道，走14線省道至草屯，接中興路、中正路可抵。

台中干城站搭草屯往埔里班車，於「工藝研究所」站下車。

該館位於台中通往埔里、日月潭必經之地，環境清幽，爲一座純白的4層樓建物，整棟建築由4支龐大的橢圓形豎柱支撐，總建坪約2200餘平方公尺，周圍花木扶疏，芳草萋萋，襯著巨型雕塑的優美曲線，顯得清沁宜人、整潔有序。第一排建築，包括賣店、簡易餐廳、廁所及行政辦公。後側3棟爲工坊空間，遊客可至走廊參觀台灣本土傳統工藝技術，例如竹編、染織、陶瓷和漆藝等工藝的實作情。工藝研究所結合工藝學習、展覽、推廣及

賣麻糬老阿伯。

登瀛書院

草屯鎮史館路文昌巷30號　（049）233-6784

根據調查，清代分佈台灣全島的書院有62家之多，其中位於草屯新庄里的登瀛書院，要算是最古樸的一座了。

該書院始建於清道光28年（1848），為傳統三合院建築，四周有古色古香的照牆環繞，莊嚴肅穆的廟殿，主祀文昌帝君，陪祀孔夫子、朱夫子及魁斗星君。書院座落於一片綠油油稻田之間，遠離塵囂，置身其間，讓人彷彿搭著時光機，返回百年前的舊年代。值得一提的，書院從草創以來，儘管經費短絀，然而歷任管理者，均能一本初衷，正派經營，從不以乩童、符咒等方式另闢新財源，為書院塑造清雅脫俗的典範，難能可貴，民國74年，經內政部列入三級古蹟。

 由國道3號下草屯交流道，走14線省道（芬草路），右轉史館路可抵。

 台中干城站→草屯→埔里，於「新庄」站下車，步行約15分鐘，彰化客運草屯站（049）233-3502。

古樸淡雅的登瀛書院。

中潭旅遊線

九九峰

南投縣草屯鎮烏溪中游　草屯鎮公所　（049）233-8170

　　九九峰位於南投、台中縣境，海拔600公尺，北臨烏溪，受地質與斷層影響，侵蝕風化作用特別明顯，群峰起伏，猶如玉筍排空，當地人稱為「火炎山」。

　　九九峰為礫石層表，土石鬆散，植被生長不易，容易產生崩塌。根據文獻記載，在日治時期九九峰就曾發生過大規模的坍方，1999年921大地震，原本翠綠的連峰在一夕之間坍塌成光禿一片，呈現月世界的巍峨地貌景觀，早晚時分，煙雲飄渺，山巒景色變幻萬千，十分壯觀。從草屯轉入14號省道（中潭公路）炎峰橋、平林一帶，可目睹九九峰宜人的山色。

 由國道3號下草屯交流道，走14線省道至草屯，接中興路、中正路、台14線（往埔里方向），過炎峰橋，於「平林橋」附近停車。

 台中干城站搭草屯往埔里班車，於「平林」站下車。

從雙十吊橋仰望九九峰宜人的山光水色。

雙十吊橋

中潭公路草屯雙冬段雙冬橋旁　草屯鎮公所　（049）233-8161

雙十吊橋是全國最長的吊橋。

　　烏溪又名大肚溪，發源於中央合歡山西麓，全長119.13公里，上游源頭為北港溪，在南投柑子林附近匯合南港溪而水勢大增。溪水把山脈切割成兩半，造成峽谷縱橫的奇特景象。

　　連接雙冬與平林兩地，勢必架橋，始建於民國52年（1964）的雙十吊橋，全長360公尺，是全國最長的吊橋。美輪美奐的吊橋，猶如一道長虹，橫跨於兩山之間，漆紅的橋架，把四周翠綠的山林烘托得異常鮮艷耀目。橋下潺潺流水，景色優美。走在橋上，微風撲面，清涼沁人，真令人心曠神怡。

　　由國道3號下草屯交流道，走14線省道至草屯，接中興路、中正路、台14線中潭公路，過雙冬橋可抵。

　　台中十城站搭草屯往埔里班車，於「下雙冬」站下車。全航（04）2225-3155，南投客運草屯站（049）233-3413，彰化客運草屯站（049）233-3502。

九份二山震災紀念地

南投縣國姓鄉南港村

九份二山標高1174公尺,是1999年921大地震的震央,根據山上鐵皮屋主人的描述:當晚1點47分地震,發生氣爆時,山崩地裂的巨響,連遠在草屯一帶都可清楚地聽到。刹那之間,整座山發生巨大走山斷層,當地約195公頃的土石崩塌與地表隆起,包括當時山上14戶農舍同時慘遭掩埋,造成39人喪生的悲劇,形成台灣百年來難得一見的特殊地震景觀。

災後,九分二山經內政部規劃為

地震所造成的「一線天」奇觀

「國家地震紀念地」,目前開放磁場屋、地震氣爆點、一線天等景點,其中,「磁場屋」由於地震造成的磁場反應及嚴重傾斜,一般人走進屋內會有壓迫感,容易產生頭暈現象。「氣爆點」及「一線天」可看到地層在瞬間被位移2公里的走山奇觀,整個慘不忍睹的場景,令人為之動容。另147縣道3公里處(國姓鄉南港村南港路120~5號),有一處「鹿窯」香菇園,園內提供鮮美香菇及陶藝製作,是星期假日的好去處。鹿窯香菇園(049)245-0449

「磁場屋」由於地震,造成嚴重的傾斜。

前往九份二山，由國道3號下草屯交流道，走14線省道至草屯，接中興路、中正路、台14中潭公路，右轉147縣道至北山坑，循指標可抵。

地震氣爆點發生土石崩塌的景象。

 前往九份二山，台中干城站→草屯→埔里，於「北山坑」站下車後，步行約60分鐘可達。

鹿窯香菇園。

中潭旅遊線

玉門關石林

南投縣埔里鎮成功里山腳下溪谷

玉門關位於烏溪上游的種瓜坑溪，地屬埔里與國姓兩鄉鎮交界，深藏在山林之中，因此以往人蹤罕至，鮮為人知。不過，近年報章媒體，競相報導，大家熟悉這一自然美景，每逢假日人車絡繹於山徑道上，原本僻靜的溪谷石林，如今可見遊客在溪中戲水，泡冷泉，好不熱鬧。

玉門關瀑布如白色絲絹懸掛，高約3丈餘，兩岸方岩羅列，峭壁百仞，宛若石門，景色十分壯麗，漫遊其間，令人難忘。離玉門關瀑布3公里處，聽說有長約數百公尺的臥龍洞，該洞是日治時期所開鑿的人工岩洞，洞內漆黑深邃，常年山泉由岩壁汩汩流下，由於幽隱且水流不斷，此處甚感神祕，為一尋幽探險勝地（入洞探險需備齊照明用具）。另北山坑中正路4段180～2號，有一處環境幽美的香草叢林（千甲農莊），莊內提供香草簡餐咖啡、香草花園、生態瞭望台及民宿，值得前往一遊。香草叢林（049）245-0243

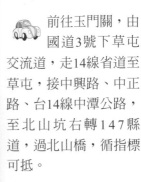
前往玉門關，由國道3號下草屯交流道，走14線省道至草屯，接中興路、中正路、台14線中潭公路，至北山坑右轉147縣道，過北山橋，循指標可抵。

玉門關溪谷石林。

玉門關瀑布如白絹懸掛。

「香草叢林」提供香草簡餐咖啡。

日月潭

南投縣魚池鄉水社村　日月潭國家風景管理處　（049）285-5595

　　日月潭舊稱「水沙連」，山青水碧，波影橫斜，集水面積100多平方公里，是本島最大的湖泊。整個潭以拉魯島（舊稱光華島）為界，北邊如日輪，南邊如月勾，因而得名。

　　日月潭湖面周長約35公里，到沿岸各景點有環湖公路相通，駕車環湖一周約需1小時左右。在日月潭大竹湖步道有1支像工廠煙囱的輸水管，出水口設得很低，每天噴出巨大的水量，有人稱它做「日月湧泉」。日月湧泉為日月潭的水源來處，湖水的送水口遠在15公里外的霧社武界壩，經引水墜道流到日月潭。

日月潭美麗的日出景象。

其實，日月潭可供遊玩的地方很多，而不僅僅限於「人造景」而已。這裡波光粼粼，群山環繞，風景如畫，足以使人俗慮全消，套用唐代詩人常建的一句話，

日月潭「日月湧泉」奇觀。

「山光悅鳥性，潭影空人心」，眞是再恰當不過。

日月潭有文武廟、孔雀園、大竹湖步道（日月湧泉）、伊達邵社、慈恩塔、玄奘寺、玄光寺、拉魯島、涵碧樓、孔明廟及林業試驗所蓮華池研究中心等知名旅遊勝地，早在清朝時期就把它列爲台灣八景之一。其中玄光寺臨水而建，供奉玄奘法師，「曲徑通幽處，禪房花木深」，爲眺望拉魯島最近的景點。

孔明廟　南投縣魚池鄉中明村文正巷5～10號（049）289-5064。

林業試驗所蓮華池研究中心　南投縣魚池鄉五城村華龍巷43號（049）289-5535。

前往日月潭，由國道3號下草屯交流道，走14線省道至草屯，接中興路、中正路、台14省道（中潭公路），右轉台21省道至魚池鄉，循指標可抵。

A.台中干城站搭草屯往埔里，再轉埔里至日月潭班車，南投客運（049）233-3413。

B.台中干城站搭草屯往埔里至日月潭班車，仁友客運（04）2225-5166。

C.水里→日月潭→埔里，豐榮客運水里站（049）277-4609，每小時一班。

中潭旅遊線

73

九族文化村

南投縣魚池鄉大林村金天巷45號　（049）289-5361
開放時間：8：00～17：00

　　緊臨日月潭的九族文化村，依山而建，佔地約62公頃，成立於1986年7月。村內展示泰雅、賽夏、布農、鄒、排灣、魯凱、阿美、卑南及雅美等9個台灣原住民村落。此外，整體規劃還包括停車場、水沙連花園、水沙連麗宮、水沙連綠莊、文物館、表演館、餐飲館、萬山神石、天然鳥園、香菇園、觀山樓及大自然森林浴場等景點，另設有歡樂世界遊樂場，包括馬雅探險、UFO自由落體、拉丁廣場、金礦山等10餘項遊樂設施，整個路線以全長1865公尺的主步道銜接，形成一個具有文化、知性、教育、休閒和遊憩等多元化的主題樂園。

　　風格獨特的文化村結合了台灣各族原住民的建築、文化和生活手藝，除了立體實屋的展示外，還不定時舉辦各種舞蹈和部落文化的推廣活動，如阿美族豐年祭、雅美族的頭髮舞、排灣族的竹竿舞、示範烤食物、織衣服、製作工具及器物等許多精彩表演，古樸而濃郁的原始氣息，讓人恍如置身於山地村的真實場景之中，難以忘懷。

九族文化村水沙連花園。

充滿著力與美的阿美族豐年祭舞蹈。

A.北部由國道3號下草屯交流
道，走14線省道至草屯，接
中興路、中正路、台14省道
（中潭公路），右轉台21省道
至魚池，左轉131縣道，循指
標可抵。

B.南部由國道3號下竹山交流
道，走3號省道至名間，接台
16線經集集、水里，接投131
線至魚池，循指標可抵。

A.台中干城站搭草屯往埔
里，再轉埔里至九族文化村

班車，南投客運站草屯站
（049）233-3413。

B.台中干城站搭草屯往埔里
至九族文化村班車。仁友客
運（04）2225-5166

中潭旅遊線

猴探井風景區

南投縣南投市福山里西施厝坪399巷附近
參山國家風景區　（049）258-0525

「猴探井」位於南投市風光明媚的八卦山台地，居高臨下，視野開闊，其地名由來頗富傳奇性。相傳清同治12年（1873），有林姓人家為了安葬祖先，特地從唐山請來堪輿地理師找尋下葬吉地。有一天，地理師從八卦山台地向著西邊望去，儼然發現遠處的山谷就像一口井，山谷前有座小山酷似一隻猴子俯探著深井，他知道這是一塊難得的風水寶地，於是指示林家將先祖安葬於「猴穴」，林家後代果真飛黃騰達，成為地方首富。其後，林姓子孫在山上祭拜祖墳，燃放鞭炮的結果，嚇走了猴群，也連帶破壞了當地的地理靈氣，林家從此一蹶不振。而福山里「猴探井」地名，就這樣一直流傳了下來。

風景區內設有停車場、遊客服務中心、觀景瞭望台及景觀花廊等設施，是觀星賞月，遠眺彰化平原的好去處。尤其晨昏之際，在翠綠群山襯托下，置身其間，真令人心曠神怡。

 國道3號下南投交流道，走碧興路接台3線省道至南崗工業區，至成功三路右轉，循山路走到底，右轉139縣道，循指標可抵。

 由南投、員林搭彰化客運班車至「下坪」站下車，步行約20分鐘可抵，彰化客運（049）222-2061。

猴探井風景區設有景觀花廊。

受 天 宮

南投縣名間鄉松山村松山街118號 （049）258-1208

南投縣轄內的名間鄉，舊名「湳仔」，地形低窪，介於海拔200至432公尺之間，境內氣候溫和，冬季乾旱，主要農特產品有山藥、紅薯、濁水溪米、茶葉，至於人文景觀方面，則有受天宮、白毫禪寺、萬丹宮等莊嚴肅穆的古廟。

雄偉壯觀的受天宮牌坊。

位於八卦山台地最南端的松柏嶺受天宮，歷史悠久，建於清乾隆2年，廟內主祀玄天上帝，香火鼎盛，為台灣不可多得的道教勝地。另松柏嶺風景優美，氣候涼爽，當地盛產的松柏長青茶，弛名海內外。

松柏嶺遊客服務中心 南投縣名間鄉名松路二段181號（049）258-0525，開放時間：9：00至17：00 週一休館。

白毫禪寺 南投縣名間鄉萬丹村山腳巷74～1號（049）223-3667

萬丹宮 南投縣名間鄉萬丹村新丹巷13號（049）223-8529

 前往受天宮，由國道3號下名間交流道，往集集方向走台3省道，至名間橋走139乙線（名松路）可抵。

 前往受天宮，由南投、田中搭彰化客運班車到「松柏嶺」站下車，步行約10分鐘可抵，彰化客運（049）222-2061。

南投、名間風景線

松柏嶺以生產高品質「松柏長青茶」，而聞名於世。

紫南宮

南投縣竹山鎮社寮里大公街40號　（049）262-3722

竹山又名「前山第一城」，盛產孟宗竹、桂竹，有極豐富的竹工藝資源與技術，如竹簾、竹編、竹雕及竹家具等傳統日用竹製品，是竹山鎮的代表特產。位於中二高竹山交流道附近的竹山農會旅遊服務中心，提供各種竹藝知識和農特產品，是進入竹山索取第一手旅遊資訊的好去處。

歷史悠久的紫南宮，香火鼎盛。

鎮內寺廟環境寬敞，歷史悠久，有德山寺、連興宮、沙東宮（照鏡台地震公園）、李勇廟、紫南宮與開漳聖王廟等古剎。其中，歷史悠久的紫南宮又稱「大公廟」，創建於明鄭時期，建廟至今已逾300年，香火鼎盛，為社寮十大庄之守護神。如今，每年到紫南宮進香及求借「福德金」之信徒成千上萬，不絕於途，經常吸引不少的觀光客前來，為投縣境內著名的旅遊景點。

竹山除了古剎紫南宮以外，還有大鞍「竹海」。大鞍位於竹山鎮東南方，因山形似馬鞍，故名。大鞍有「竹海」，「孟宗竹林隧道」綿延2.2公里，漫步其間，滿眼綠意，美景無限。另「林爽文戰備古道」、「爽文劍井」位於大鞍水哮地區美麗的竹林中。林爽文事件，始於乾隆51年11月，到乾隆53年2月結束，總計1年又3個月。根據文獻記載，當時全台參予事變者近100萬人，是清廷治台期間規模最大的一次抗清行動。

竹山農會旅遊服務中心　南投縣竹山鎮集山路一段2155號（049）262-5377。

 前往紫南宮，由國道3號下竹山交流道，（往集集方向）走台3省道、3丙省道，轉往社寮可抵。前往大鞍，開車由竹山鎮頂林路（投49）、自強路、投51及投49～1線可達。

 前往紫南宮，由竹山搭員林客運開往水里班車至「社寮」站下車，員林客運竹山站（049）264-2005。

鳳凰谷鳥園

南投縣鹿谷鄉鳳凰村仁義路1-9號，鳳凰谷鳥園預約導覽服務：
（049）275-3100轉123 開放時間：8：00～17：00

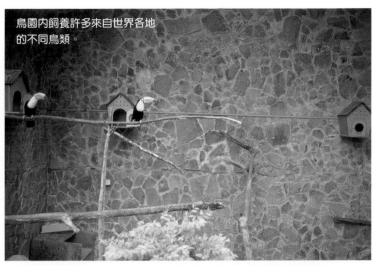

鳥園內飼養許多來自世界各地的不同鳥類。

鹿谷鄉位於南投縣西南部，海拔300公尺之丘陵地帶，東面與信義鄉為鄰，西南邊和竹山鎮相接，北面隔濁水溪與集集相對，全鄉依居住聚落劃分為鹿谷、外湖仔、新寮、坑尾等地區。鹿谷全境多山，氣候冬暖夏涼，冬季經常籠罩濃霧，雨量豐沛，適合茶葉、孟宗竹、檳榔等經濟作物生長。鹿谷地區有鳳凰山、白石牙山、麒麟山、凍頂山，其中凍頂山以盛產凍頂烏龍茶，而聞名於世。烏龍茶全球年產約10萬公噸，而台灣所生產的半發酵烏龍茶就佔世界總產量的20％，無論在品質或價格上都居世界第一位。

位於鹿谷鳳凰村的國立鳳凰谷鳥園，佔地約30公頃，為國內首座由政府投資經營的飛禽生態公園，轄區幅員遼闊，花木扶疏，是東南亞規模最大的鳥園。園內生態環境良好，適合各種鳥類成長，有紅鶴、松鶴、鸛雀、孔雀、藍紫金剛鸚鵡、藍冠鴿、椋鳥、琵鷺及鷹鷲等3000多隻珍禽異鳥，除了鳥類之外，另闢有觀鵲樓、好漢坡、鸚鵡園、珍禽園、猛禽園、梅鷥園、孔雀園、走禽園、松鶴園、森林、古木及鳳凰瀑布等自然景觀。喜歡賞鳥的人，從此不需遠渡重洋，就可在此盡情地觀賞來自台灣以及世界各地的不同鳥類。此外，鳥園另有萬年亨衢碣、鳳凰眼等古蹟名勝，為鹿谷地區休閒懷舊之最佳園地。

鹿谷鄉產業觀光促進會（049）275-0047

前往鳥園，由國道3號下竹山交流道，（往竹山方向）走台3線，接151甲線，至廷平接投151線前往鹿谷，抵鹿谷

後，左轉仁義路前往可抵。

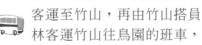

A.由台北市承德路2段搭統聯客運至竹山，再由竹山搭員林客運竹山往鳥園的班車，在「鳳凰」站下車，每天6班次。

B.高雄可搭火車至斗六，接台西客運至竹山（每小時1班），再從竹山站搭員林客運班車前往鳥園。

花木扶疏的鳳凰谷鳥園。

萬年亨衢碣

南投縣鹿谷鄉鳳凰村仁義路1一9號，鳳凰谷鳥園內　（049）275-3100

「萬年亨衢」碣位於鹿谷鳳凰谷
鳥園內。

位於鹿谷鳳凰谷鳥園內，參訪該古蹟只要進入鳳凰谷鳥園，按「古蹟」指示方向行駛。停車後，從路旁一片竹林山坡沿著石階，拾級而上，便可抵達。

 前往鳥園，由國道3號下竹山交流道，（往竹山方向）走台3線，接151甲線，至廷不接投151線前往鹿谷，抵鹿谷後，左轉仁義路（投56線）前往鳥園。

清朝光緒元年（1875），總兵吳光亮開鑿由鹿谷到花蓮玉里的八通關古，竣工後，在今天大坪頂鳳凰山麓的巨石上鐫刻「萬年亨衢」4字，紀念此一偉大艱鉅的工程。碣長223公分，高150公分，以行書題字，字跡雄渾，氣勢磅礡，經內政部指定爲1級古蹟。

「亨衢」兩字，出自《易經》大畜「何天之衢。亨。」，乾下艮上，以陽畜陽，有通天達地，四通八達的含義。即希望千秋萬世後，此路仍暢行無阻。「萬年亨衢」碣

A.由台北市承德路2段搭統聯客運至竹山，再由竹山搭員林客運竹山往鳥園的班車，在「鳳凰」站下車，每天6班次。統聯客運（02）2553-3573、員林客運竹山站（049）264-2005。

竹山、鹿谷、溪頭風景線

B.高雄可搭火車至斗六,接台西客運至竹山(每小時1班),再從竹山站搭員林客運班車前往鳥園,台西客運(05)532-2016、員林客運竹山站(049)264-2005。

一級古蹟「萬年亨衢」碣。

溪頭森林遊樂區

南投縣鹿谷鄉內湖村森林巷9號　（049）261-2111

鹿谷鳳凰山附近的溪頭森林遊樂區，海拔1150公尺，隸屬台大實驗林區，因位於北勢溪源頭而得名。區內遍植孟宗竹、檜木、杉林，蟲鳴鳥叫，古木參天，冬暖夏涼，讓人感到神清氣爽。另有吊橋、銀杏林、苗圃、神木、大學池、賞鳥步道、樹海…等景觀設施，是觀察植物與賞鳥人的天堂。

另溪頭附近有杉林溪森林遊樂區，杉林溪隸屬南投縣竹山鎮，海拔1600公尺，區內廣植杉木林，林相蒼翠美麗，有青龍瀑布、石井磯、天地眼、竹溪神木、安定灣及森林公園等原始自然景觀，是森林浴、遊山玩水的好去處。前往杉林溪，過溪頭，循投151線南行可抵。遊樂區設有杉林溪大飯店及聚英村旅社等投宿地點。

杉林溪森林遊樂區　南投縣竹山鎮大鞍里溪山路6號（049）261-1211。

前往溪頭，由國道3號下竹山交流道，（往竹山方向）走台3線，接151甲線，至廷平接投151線往鹿谷方向可抵。

台中干城站搭前往溪頭班車。員林客運竹山站（049）264-2005

風光明媚的「大學池」。

開闢鴻荒

南投縣集集鎮林尾里集竹大橋北岸下方攔河堰旁《一級古蹟》

「開闢鴻荒」碣是八通關古道
沿線3大勒石之一。

「開闢鴻荒」碣位於濁水溪右畔，是八通關古道沿線3大勒石之一，也是歷經年代的古蹟。相傳同治13年（1874年）多10月，清朝總兵吳光亮受命開鑿中路，當軍隊駐紮集集埔，吳見濁水溪兩岸的山形如「獅象守口」，於是在溪畔勒石為記，每字寬35公分，高41公分，字體雄勁有力，饒富古意。前往「開闢鴻荒」碣，循著集竹大橋北岸階梯，拾級而下，便可看到。

參訪「開闢鴻荒」碣後，可順道前往集集攔河堰一遊。該堰長352.5公尺，蓄水量約944萬立方公尺，是台灣最大的水資源調度工程，從管理中心3樓「湖畔咖啡館」陽台，極目遠眺，湖光連天，煙波浩渺，為一假日休閒的好去處。

集集攔河堰管理中心（049）276-0324 開放時間：9：00～17：00。

A.前往開闢鴻荒，北部由國道3號下名間交流道，走3號省道至名間，接16號省道，過集集隧道不久，即抵集竹橋旁停車後，沿橋旁台階而下，可見「開闢鴻荒」碣。

B.南部由國道3號下竹山交流道，走3號、3丙省道（往集集方向），過集竹橋即抵。

A.由台北市承德路2段搭統聯客運台北往竹山班車，再搭員林客運竹山往水里班車，在「林尾」站下車。

B.由員林搭員林客運員林→水里班車，於「林尾」站下車。

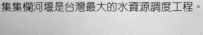

集集攔河堰是台灣最大的水資源調度工程。

化及蠻貊碣

南投縣集集鎮廣明里洞角巷38號旁《一級古蹟》

清光緒13年（1887）春，雲林撫墾局委員陳世烈奉命前往集集埔一帶招募民兵，從事墾荒工作。有感於意義深遠，於是在集集八通關古道前鐫刻「化及蠻貊」4個大字，以資留念。該碣高48公分，寬180公分，上下款各刻有：「欽命布政使銜署臺備道陳方伯撫番開墾處」、「大清光緒十三年春雲林撫墾局委員陳世烈題」等字樣，為清代開拓南投的重要史蹟之一。前往化及蠻貊碣，循著台16線至集集，過保育中心200公尺右轉，直行鄉間小路約15分鐘可達。

位於附近的「特有生物研究保育中心」，為台灣特有種類生物的研究、保育中心，裡面有各種本土動、植物生態環境的圖文介紹，值得攜家帶眷，前往參觀。

台灣特有生物研究保育中心南投縣集集鎮民生東路1號（049）276-1636，開放時間：9：00～16：30（週一休館）。

「化及蠻貊」碣為清代開拓南投的重要史蹟

A. 前往化及蠻貊，北部由國道3號下名間交流道，走3號省道至名間，接16號省道，過集集隧道至集集，接民生路，過保育中心200公尺右轉，直行約20分鐘可抵。

B. 南部由國道3號下竹山交流道，走3號、3丙省道（往集集方向），過集竹橋接民生路，過保育中心200公尺右轉，直行約20分鐘可抵。

由員林、二水、竹山搭員林客運往水里班車，至「保育中心」站下車。員林客運水里站（049）277-0041。

集集綠色隧道

集集鎮與名間鄉之間的台16沿線

最近幾年，集集一帶的觀光事業相當發達，每逢星期假日，人潮洶湧，車水馬龍，一幅熱鬧繁華的景象。鎮內著名的旅遊景點很多，有集集攔河堰、特有生物研究保育

集集綠色隧道。

中心外，還有集集火車站、明新書院、武昌宮921地震公園、鎮國寺、老樟樹、綠色隧道、添興窯、水里蛇窯、集集瀑布，明湖及明潭水庫等等。

位於集集鎮與名間鄉之間，道路兩旁種植著許多日治時代的老樟樹，枝葉交錯，夾道成蔭，綿延約4．5公里，形成美麗的綠色隧道，蔚為奇觀。值得一提的，沿途在龍泉站附近，與觀光鐵道毗鄰平行，可見小火車緩緩地從路邊經過，車聲、綠樹、鐵道，美輪美奐，是攝影取景的好地方。

 A.前往綠色隧道，北部由國道3號下名間交流道，走3號省道至名間，接16號省道，至集集。

B.前往集集，南部由國道3號下竹山交流道，走3號、3丙省道至集集。

 A.由台中車站搭火車經二水至「集集」站下車。

B.由員林、二水搭員林客運往水里班車，於「綠色隧道」站下車。

C.南投→名間→集集→水里，於「綠色隧道」站下車。

地震前的集集火車站。外型典雅素樸的集集火車站位於集集線鐵路之中心點，始建於昭和5年（1930），距今已60餘年歷史，全站採用純檜木建材，為日治時期遺留下來之建築，也是全台現存最古老的火車站之一，集集火車站（049）276-2546。

埔里觀光酒廠

南投縣埔里鎮中山路3段219號　（049）298-4006

　　始建於日大正6年（1917），迄今已有87年的悠久歷史，濃郁香醇的美酒是以甘甜清徹的愛蘭泉水釀造而成。在日據時代，酒廠曾以製造日皇御用的「萬壽酒」而聞名於世。光復後，民國45年開始研發國宴級「介壽紹興酒」，同時量產「紹興酒」，一炮而紅，奠定日後基礎。近年來酒廠陸續推出「愛蘭白酒」、「愛蘭囍酒」等珍品佳釀及一些酒的相關產品，如紹興米糕、紹興冰棒、紹興豬腳等風味美食。

有酒廠歷年來的文物和飲酒文化，充滿著藝術和產業觀光氣息，是不可多得的文化采風之旅。埔里酒廠值得您前來瞧瞧，同時品嚐可口美味的酒香冰棒。

 由國道3號下草屯交流道，接14號省道可抵。

 台中干城站→草屯→埔里，於「埔里酒廠」站下車。

　　如今，為了讓遊客對本土「酒文化」有更進一步的認識與了解，酒廠建了台灣首座的「酒文物館」，介紹釀酒過程與世界酒文化發展歷史，這座以酒為主題的博物館典藏

悠久歷史的埔里觀光酒廠，以製造名酒聞名於世。

霧社抗日紀念碑

南投縣仁愛鄉　霧社風景區管理站　（049）280-2205

充滿歷史悲情的霧社抗日紀念碑。

　　霧社，一個僻靜的山城，但是，大家應該不會對它感到陌生的。它位於中橫西段的要津，山巒疊起，風景秀麗，因紀念抗日英雄莫那魯道等900多名山青勇士而聲名大噪。

　　西元1895年中日甲午戰爭，日人據台，1914年日人推行「五年理番事業」，以高壓手段掠奪山地資源，收繳原住民賴以為生的狩獵槍枝，此舉引發各部落強烈不滿。西元1930年（昭和5年）10月27日，泰雅族酋長莫那魯道率領族人於霧社「人止關」，發起悲壯的抗日行動，殺死日軍134人，最後寡不敵眾，彈盡援絕，自殺成仁，史稱「霧社事件」。海拔1148公尺的霧社，每年1、2月櫻花盛開，落英繽紛，蒞臨此地，如入世外桃源，加上70年前可歌可泣的英勇故事，令人觸景傷情…，漆白牌樓、烈士雕像、抗日紀念碑、青松聳立，仰望蒼穹，霧社美極了。

　　由國道3號下草屯交流道，接14號省道，經雙冬、埔里、霧社可抵。

　　由台中干城站搭南投、彰化或全航客運往埔里班車，再轉搭南投客運埔里→霧社的班車，於「霧社」站下車，南投客運（049）299-6147。

碧　湖

南投縣仁愛鄉霧社南方9公里處

　　萬大水庫有「霧社海」之稱，壩高114公尺，一般稱為「碧湖」，集水面積約400公頃，為台灣電力公司用於匯集中央山脈水源，調節日月潭水量而設之水壩。

　　碧湖原是一塊低窪山谷，自從築壩積水後，四周群峰疊嶂（有武冷山、岬山、萬大山），形成迂迴曲折的湖岸，藍天白雲，山青水碧。

期，始能盡興。另瑞岩、紅香一帶盛產雪梨，霧社高峰的甜柿，美味可口，值得品嚐。

 前往碧湖，由國道3號下卓屯交流道，接14號省道，經雙冬、埔里、霧社，可達碧湖（萬大水庫）。

 由台中干城站搭南投、彰化或全航客運往埔里班車，再轉搭南投客運往松岡、翠峰的班車，於「碧湖」站下車。

碧湖美景，令人流連忘返。

　　薄暮降臨的時候，「痕拖翠黛峰千疊」，整個的湖面清澈猶如明鏡，令人流連忘返。前往碧湖，由霧社高農旁的小路步行約20分鐘可達。

　　碧湖附近，如廬山溫泉、奧萬大賞楓、清境農場等熱門風景區，景觀很美，也是令人嚮往的去處，若想一一遊玩，最好有2天的假

霧社高峰一帶盛產美味可口的甜柿。

盧山溫泉

南投縣仁愛鄉霧社東北方 9 公里處

盧山溫泉位於濁水溪支流塔羅灣溪谷，風景幽美，有清澈高溫的優質泉水，泉溫約65度，水煮蛋可熟，氫離子濃度 7.5，屬弱鹼性碳酸泉，浸泡或適量飲用可治皮膚病、風溼症、關節炎等病。

到了盧山，除享受溫泉泡湯外，全區位居山谷，花木扶疏，來到此地，沒有一點文明的污染，山腳下，綴著暗紅淡粉的，不知是桃是杏的花，掩映著幾戶人家，遠遠的青山，在雲層裡掩掩遮遮，讓人有置身人間仙境之感。

 由國道3號下草屯交流道，接14號省道，經雙冬、埔里、霧社、碧湖可抵。

 由台中干城站搭南投、彰化或全航客運往埔里班車，再轉搭南投客運往盧山溫泉的班車，於「溫泉」站下車。

路旁點綴著暗紅淡粉的花朵，非常美麗。

奧萬大賞楓

南投縣仁愛鄉親愛村大安路153號 （049）297-4511

奧萬大滿山遍野的彩葉，是深秋原野裡最美麗的裝扮。

　　奧萬大有片面積廣大的楓樹林，秋末冬初，絢麗的楓紅，景色之美，馳名全台。

　　每當黃昏時分，夕陽西沈，那滿山遍野的楓紅，迎風招展，好像是一縷朝霞，又彷彿一團野火，別具一番景緻。其中最令人難忘的，莫過於晚霜方霽，新雨才收之時，沿途翠綠的山峰，襯著嫣紅、金黃的彩葉，顯得格外鮮美。此地嬌艷的楓林，是深秋原野裡最美麗的裝扮。

　　奧萬大森林遊樂區闢有山莊、渡假木屋、健康步道等設施，果能偷得浮生半日閒，投入大自然賞楓之旅，一派天然，又是一種生活享受。

　由國道3號下草屯交流道，接14號省道，經雙冬、埔里、霧社，循指標走投83鄉道，可達奧萬大。

　搭南投客運（週6、日發車）往奧萬大的班車，於終點站下車。南投客運（049）299-6147。

清境農場

南投縣仁愛鄉仁和路170號　（049）280-1690

清境農場海拔1750公尺，位於霧社北端8公里處，起伏山谷所造成視野遼闊的草原景觀，居高眺遠，牛羊三五成群，恰似紐西蘭牧場風情，空氣清新，芳草鮮美，是那麼清淨，那麼自然。

此地氣候宜人，平均氣溫在15～23℃左右，民國51、52年間，國軍退輔會開始有計劃的把山谷開闢成果園，水蜜桃、梨子、奇異果、加州李，伴著一望無垠的青青草原，形成一片風景秀麗，遠離城市喧囂的「現代桃花源」。

遊農場是不限季節，初春綠草如茵，景色宜人。仲夏風和日暖，令人暑氣全消。秋日天高氣爽，落日紅葉，又是另一種幽靜的色彩，甚至在臘月寒冬時分，坐在陽光草地下取暖，也都具有耐人尋味之處。清境農場一年四季就是這樣的怡然自得。

通往合歡山的清境農場，最近幾年由於遊客眾多，此地歐風民宿，如雨後春筍般地蓬勃發展，而且一家比一家漂亮，總計已高達60家左右，民宿密度之高，居全國之冠，如格林雅築、長白山、那

魯灣、以馬內利、山海關、頂代、瑪格麗特、挪威森林、台一、寞內、柏克萊、御花園、嶺仙等等，不一而足。

另農場於假日、週六、日早上9：30、下午2：30各有一場「綿羊秀」，時間約30～40分鐘。欲知非假日團體預定綿羊秀，請上農場網站或電（049）280-2172查詢。

 由國道3號下草屯交流道，接14號省道，經雙冬、埔里至霧社，循指標走台14甲線可抵。

 由台中干城站搭南投、彰化或全航客運往埔里班車，再由埔里轉搭南投客運往松岡、翠峰的班車，於「清境農場」站下車。南投客運（049）299-6147。

恰似紐西蘭牧場風情的清境農場。

合歡山

南投縣仁愛鄉花蓮縣與南投縣的交界

合歡山位於中央山脈中橫公路霧社支線上,距霧社33公里,由主峰、東峰、西峰、北峰、石門北峰、石門山及合歡尖山等7座連續山脈串連而成,跨越南投、花蓮兩縣,是台灣大甲溪、濁水溪與立霧溪的分水嶺。主峰海拔3417公尺,山勢遼闊,平易近人,名列台灣百岳高山之一,有溫寒帶針葉樹天然

武嶺視野極佳,是觀日出、看雲海的好地方。

林、高山冷箭竹,每逢冬季寒流來襲,雪花片片,滿山滿谷披上厚厚的白雪,吸引許多遊客慕名而來。合歡山目前建有高級滑雪場、松雪樓、合歡山莊,是台灣著名的滑雪及賞雪勝地。

除了滑雪、賞雪以外,每年夏日6、7月是合歡山的花季,可見許多平地難得一見的紅毛杜鵑、玉山杜鵑、玉山小蘗等豔麗的高山植物,此起彼落,把山上妝扮得耀眼亮麗,五彩繽紛。來到這裡,讓人恍如置身於一大片的花海世界裡,對任何人而言,

這都是一趟令人難忘的避暑之旅。何不找個遊客較少的非假日上合歡山,享受一下台灣高山原始

住合歡山途中,山巒疊翠的美景。

之美呢?另山腳下的武嶺,海拔3275公尺,為台灣公路最高點,由東邊之觀景台,居高臨下,視野極佳,是觀日出、看雲海的好地方。合歡山莊(04)588-6887(如欲住宿,請事先訂房)。

 前往合歡山,由國道3號下草屯交流道,接14號省道,經雙冬、埔里至霧社,循指標走台14甲線,經翠峰、武嶺可抵。

 由台中干城站搭南投、彰化或全航客運往埔里班車,再轉搭南投客運往松岡、翠峰的班車,於「清境農場」站下車,再搭計程車前往。

合歡山名列台灣百岳高山之一。

風櫃斗、牛稠坑賞梅

信義鄉位於南投縣東南端，境內多山地，此地適宜的氣候和土壤，使它成為台灣梅子的最大產區，種植面積達1400公頃以上，有風櫃斗、烏松崙、牛稠坑、自強、愛國等賞梅景點，其中又以風櫃斗、牛稠坑最負盛名。風櫃斗舊稱「紅魁頭」，位於陳有蘭溪左岸，每年12、1月，冬春之季，梅花盛開的季節，是賞花的好時節。此時山上的梅林花海，重巒疊嶂，隨風飛舞，彷彿白雪紛飛一般，非常美麗。又每年清明節前後，當地梅子的盛產期，一進入信義鄉，沿途可見許多農特產品展售中心，銷售各種梅子產品，有脆梅、秋梅、紫蘇梅等。另利用梅子創作的「梅宴大餐」，如脆梅拌花枝、梅味蝦手捲、烏梅茄餅、蜜梅鱒魚、五彩梅味魚、梅核爆蝦仁等等，也變成人人喜愛的佳饌美食，美麗的信義鄉，因此又有「梅鄉」之稱。

信義除了梅子、梅花、梅子大餐等農特產品以外，還有沙里仙茶園，東埔溫泉、彩虹瀑布、情人谷、父子斷崖、雲龍瀑布、乙女瀑布，雙龍瀑布、巴庫拉斯、丹野農場、鹿林山自然公園、七彩湖，草坪頭觀光茶園、萬年神木、塔塔加遊客中心、夫妻樹及玉山登山步道等旅遊景點，值得探訪。由於信義鄉內有９５％以上是布農族人，其中又以雙龍、地利兩部落最具布農文化特色，因此在參訪古蹟、賞梅之餘，你也可順道來一趟布農風情之旅，享受「梅鄉」滿山的台灣原味。

A.前往風櫃斗、牛稠坑，北部由國道3號下名間交流道，接16號省道經水里至頂坎，走台21線至信義，過加油

從投56線（往牛稠坑路上），鳥瞰台21線及陳有蘭溪谷風光。

每年冬季，信義鄉美麗的梅林，吸引許多遊客前來賞梅。

站、愛國大橋到愛國，循投
59線、投56線可抵。

B.南部由國道3號下竹山交流
道，接3號省道至名間，接16
號省道經水里，至頂坎走台
21線至信義，過加油站、愛
國大橋到愛國，循投59線、
投56線可抵。

從台中市雙十路、草屯、南
投、名間搭總達客運前往水
里，或由員林搭員林客運往
水里班車，或從二水搭火車

到水里，再轉搭員林客運水
里往東埔班車，於「信義」
站下車，再搭計程車前往。

東埔溫泉

南投縣信義鄉東埔村

溫泉源頭位於南投縣信義鄉望鄉山山麓，鄰近沙里仙溪與陳友蘭溪合流處。熱氣沸騰的溫泉從望鄉山東麓陳有蘭溪谷引流至東埔的大小溫泉飯店、旅社，有男湯、女湯、溫泉SPA、檜木桶泡湯、露天溫泉池、藥浴溫泉、茶湯溫泉等設備，提供遊客們舒適的泡澡享受。

馳名全台的東埔溫泉，在日治時期已開發為一個良好泡湯區，泉質品質優良，清澈無色，屬碳酸氫鈣鈉泉，溫度約66℃左右。有「神水」之稱的高山溫泉，具促進健康之功效，男女老少皆合適。難怪許多登山者喜愛在走完玉山或八通關古道後，返回東埔泡個暖暖的好湯，途上的奔波勞累，就在氤氳的溫泉中，飛到九霄雲外去了。

除了浸泡溫泉之外，每年春季東埔山上的梅、櫻、梨、桃花等各樣野生花卉，先後盛開，爭奇鬥

艷，非常美麗，經常吸引各地遊客前住遊覽、賞花。另位於東埔後山腰情人谷附近，有道「彩虹瀑布」。午後天晴時，瀑布在陽光的折射下，形成美麗的七色彩虹，有紅、黃、橙、綠、藍、靛、紫，相映成趣，十分好看。瀑布下方，清泉交錯於亂石之間，流水潺潺，清澈見底，為遊客休憩野餐之所。

A.北部由國道3號下名間交流道，接16號省道經水里，至頂坎走台21線經信義到和社，左轉投60線至東埔溫泉。

B.南部由國道3號下竹山交流道，接3號省道至名間，接16號省道經水里至頂坎，南下走台21線經信義到和社，左轉投60線可抵。

從台中、草屯、南投、名間搭總達客運前往水里，或由員林搭員林客運往水里班車，或從二水搭火車到水里，再轉搭員林客運水里往東埔班車。

東埔溫泉源頭位於景色幽美的山麓中。

八通關越嶺古道

玉山國家公園內　　須辦甲種入山證明文件　　玉山國家公園管理處處本部
南投縣水里鄉中山路一段300號　（049）277-3121

八通關越嶺古道是日據時代日本警備道路網的一環，古道從東埔到花蓮山風登山口為止，全長99.6公里，沿線風景秀麗，景色宜人，是一條具有豐富自然景觀及學術研究價值的東西橫向步道，也是時下登山健行的熱門古道之一。唯921地震後，沿途地質鬆動，造成數段路基崩塌，通行時要特別小心。

從東埔溫泉經觀高、八通關、巴奈伊克、中央金礦、白洋金礦至秀姑坪，再上大水窟山，然後由原路返回八通關、東埔，是條坎苛的

雲龍瀑布氣勢磅礴，為台灣海拔最高的懸谷式（Hanging Tributary）瀑布。

路程，但也是探索先人腳步，享受林間幽靜的古道。登臨古道，不但可體會前人「篳路藍縷，以啟山林」的艱辛，更可看到隨著海拔而逐漸變化的各種林相生態，領略台灣高山四季更迭的天然美景。沿途可觀賞壯觀的瀑布、廣闊的高山草原風光、憑弔百年遺跡，更可一探山中傳奇的白洋金礦、感受那淒迷而悲涼的林木墳場…，是不可多得的高山盛宴。

 A. 北部由國道3號下名間交流道，接16號省道經水里至頂坎，走台21線經信義到和社，左轉投60線至東埔溫泉，續往東行，約5分鐘抵東埔村1鄰開高巷登山口後，開始步行前往。東埔1K→東埔登山口1K→愛玉亭、三聖宮1K→父子斷崖→雲龍瀑布（東埔至雲龍瀑布，來回約4～5小時，建議輕裝前往）。
B. 南部由國道3號下竹山交流道，接3號省道全名間，接16號省道經水里至頂坎，南下走台21線經信義到和社，左轉投60線至東埔溫泉，續往東行，約5分鐘抵東埔村1鄰開高巷登山口後，開始步行前往。

信義、東埔風景線

沿著崖壁開鑿的八通關越嶺古道。

 從台中、草屯、南投、名間搭總達客運前往水里，或由員林搭員林客運往水里班車，或從二水搭火車到水里，再轉搭員林客運水里往東埔班車。

南投縣2日遊行程建議

A.草屯、國姓、惠蓀林場旅遊風景線
草屯→國立台灣工藝研究所、登瀛書院→雙冬吊橋→國姓九份二山震災紀念地→北港溪石橋（糯米橋）→惠蓀林場。

B.埔里、霧社、廬山、奧萬大、清境農場旅遊風景線
草屯→登瀛書院→14號省道→雙冬→國姓→埔里→台灣地理中心碑→霧社往東→廬山溫泉。（另霧社往南至奧萬大，霧社往北到清境農場）

C.南投、名間、集集日月潭旅遊風景線
南投→3號省道→名間→16號省道→綠色隧道→開闢鴻荒碣→集集→明新書院→化及蠻貊碣→水里→頂崁→21號省道→頭社→日月潭風景區。

D.竹山、鹿谷、溪頭、杉林溪風景線
竹山→3號省道→台大熱帶植物園→延平→鹿谷→鳳凰谷鳥園→萬年亨衢石碣→溪頭森林遊樂區→杉林溪森林遊樂區。

E.水里、信義、東埔、新中橫旅遊風景線
水里→21號省道→信義筆石橋→山通大海碣→久美→萬興關碑→東埔→神木村→玉山國家公園→鹿林山自然公園→塔塔加遊客中心→自忠→嘉義阿里山。

萬年神木、夫妻樹

南投縣信義鄉神木村頭坑溪山間

「萬年神木」是全台最大的生闊葉巨木。

萬年神木位於玉山國家公園和社西方11公里處，從新中橫景觀道路（台21線）113公里，前進約500公尺，右轉4公里，過一水泥橋，再左轉上行，到一個名為「頭坑溪」的地方，再往前走，就可見到一棵樹齡約4000年的「萬年神木」，巨木幹圍16公尺，樹高50公尺，樹況維護良好，為台灣10大神木之一，也是全台最大的天然闊葉樟樹。樹下供奉福德正神，為神木村民之共同信仰，遊客到此可感應神木威力。

另位於新中橫148公里廣場附近（由神木村前往約2小時車程），有兩棵灰白色的紅檜巨大枯木，比鄰而立，相偎相依，形同夫婦，稱為「夫妻樹」。新中橫公路由水里至阿里山全程約95公里，道路景觀很美，行車也十分便利。唯水里玉山段48K至61K處，經常有落石坍方，少部分路段整建中，加上山區道路容易起霧，行車應小心謹慎。

 A.前往萬年神木，北部由國道3號下名間交流道，接16號省道經水里至頂坎，走台21線，經信義、和社、玉泉橋、松山溪橋、愛玉子橋、神木大橋至神木。

B.南部由國道3號下竹山交流道，接3號省道至名間，接16號省道經水里，至頂坎走台21線經信義、和社、玉泉橋、松山溪橋、愛玉子橋、神木大橋，至神木。

 從台中、草屯、南投、名間搭總達客運前往水里，或由員林搭員林客運往水里班車，或從二水搭火車到水里，再轉搭員林客運水里往神木村班車，到「神木」站下車，步行約15分鐘可抵。

彰化縣 位於台灣中心點，原名「半線」，界於大肚溪、濁水溪流域之間，東接南投縣，西臨台灣海峽，南至雲林縣，北抵台中縣，早期為南來北往之重鎮，區內氣候溫和，農產豐富，自古即有「台灣米倉」之稱。

本縣自然人文景觀豐富，八卦台地呈東南西北走向，從東南標高403公尺的松柏嶺逐漸向西北的彰化八卦山遞降，形成一長條狀台地。由彰化沿139縣道，經芬園、樟空、橫山至南投，這一路上，綠野平疇，視野開闊，有檳榔、鳳梨、楊桃、荔枝、椪柑等果園、茶園及綺麗的天然林相。除了豐富的林園景象外，在人文景觀方面，根據歷史文獻記載，台灣中部八卦台地有「三岩二寺」之說，所謂「三岩」，指的是花壇虎山岩、社頭清水岩和南投碧山岩，而「二寺」則是歷史悠久的鹿港龍山寺及芬園寶藏寺。其中龍山寺為1級古蹟，寶藏寺及虎山岩為3級古蹟。走一趟彰化八卦台地稜線，令人有遠離塵囂的感覺。

位於八卦山下的彰化市，聞名遐邇的古蹟名勝很多，其中以八卦山大佛、永樂街形象商圈、孔廟、元清觀和南瑤宮等最有名。其他彰化縣部分，有寶藏寺遊憩區、秀水益源大厝、和美道東書院、鹿港龍山寺、天后宮、埔頭瑤林古街，員林百果山、永靖餘三館、田尾鄉公路花園及田中森林公園等風景名勝，其中尤以鹿港的老街古巷、傳統工藝及美食為最有名，鹿港在台灣開發史上佔著十分重要的地位，更是今人懷古念舊的好去處。

彰縣秀水美麗的油菜花田。

八卦山大佛風景區

彰化市卦山路8～1號　（04）722-4163

釋迦牟尼大佛是卦山風景區代表性的地標。

彰化八卦山又稱「定軍山」，標高97公尺，綠蔭扶疏，迴廊朱欄，清幽絕俗，自古以來，即為兵家必爭之地，也是中台灣著名的古戰場。山與城，具有密不可分的關係，只要八卦山失守，乘勢一攻，彰化城就馬上淪陷。在歷史上許多有名的戰役，如林爽文之役、戴潮春之役以及光緒21年的割台之役都在八卦山決戰。如今，山上建有自然生態公園、八卦山大佛、抗日烈士紀念碑公園、文學步道及銀橋兒童水景公園等多處名勝古蹟，為中部地區著名觀光旅遊勝地。

走過風景區入口處美侖美奐的牌樓，順著卦山路，一路爬坡上山。沿著八卦山大佛牌樓階梯，步上林蔭大道，道路兩側陳列著32尊石雕觀音，法相莊嚴，各具特色。完成於民國50年5月的釋迦牟尼大佛，肅穆端坐，魅梧奇偉，高22公尺，是卦山風景區代表性的地標，其建築所在地為定軍寨、日神社故址，佛前左右各立一座石獅，由大佛而下，前有九龍池廣場，居高臨下，視野開闊，整個彰化平原盡入眼簾。

抗日烈士紀念碑公園位於卦山路彰化國中斜對面，光緒21年（1895）8月29日凌晨，日軍進攻卦山高地，守將吳彭年率領軍勇與敵軍作殊死戰，激戰3晝夜，日北白川宮能久親王、山根少將為我砲擊斃，然而終因寡不敵眾，彰化城陷，數千名義軍慷慨就義於山上。如今，園內建有牌樓、納骨堂、祭祀殿、步道、涼亭花架以及當年砲擊敵酋的2尊古砲，彌足珍貴，深具歷史意義。

位於八卦山下的彰化市為彰化縣治中心，素以史蹟名勝和傳統美食聞名於世，市區開發久遠，歷經年代的古蹟很多，其中尤以孔廟、元清觀和南瑤宮為最有名。

 前往八卦山，由國道1號下彰化交流道，接中華西路（台19省道）、中華路、孔門路，過中山路，走卦山路（139縣道）可抵。

 從彰化車站下車，走光復路，到中山路右轉，過牌樓走卦山路上山，步行約20分鐘可抵。

風景區入口處美侖美奐的的牌坊夜景。

扇形車庫

彰化市彰美路一段1號 （04）724-4537

扇形車庫是火車頭保養、休息或補充煤水的他方。

俗稱「黑頭仔」的蒸汽火車頭，在台灣這塊土地上奔馳了近百年歲月，伴隨著台灣逐漸澎勃發展、走過許多風風雨雨的日子，是許多人塵封記憶中的一部分。

蒸汽火車頭長年服役完成環島懷舊之旅後，經360度轉盤迴轉，進駐庫房內保養、休息或補充煤水。

位於彰化民生地下道（過溝仔）附近，就有一處歷史悠久的蒸汽火車頭保養庫。這座通風良好，設備完善的車房興建於民國11年（1922），歸屬於台灣鐵路管理局彰化機務段，整間車庫由12個股道呈輻射狀展開，有如一面扇子，因此又稱「扇形車庫」，是台灣碩果僅存的一座扇形蒸汽動力火車保養庫，極具觀光和文化保存價值，目前該車房已名列古蹟，政府相關單位將規劃為火車博物館。

 由國道1號下彰化交流道，循中華西路，下天橋接中正2路，過彰化車站走三民路，至民生地下道可抵。

 從彰化車站下車，左轉三民路，至民生地下道，步行約5分鐘可抵。

元 清 觀

彰化市民生路207號 （04）725-4093

元清觀爲磚木造宮殿式建築，曾於光緒年間大修，廟貌古樸，具清末大家風格。

元清觀俗稱「天公壇」，始建於乾隆28年（1763），歷史悠久，規模宏偉，是台灣唯一以「觀」爲名的古廟，目前列入國家2級古蹟。

從廟門「溫陵福地」古區，知道本廟爲福建泉州移民所建。前後共3殿，三川殿爲牌樓式重簷，殿前左右有八字牆，斗拱雕刻精美的象頭造形，廊牆有美輪美奐的磚刻及交趾陶裝飾。正殿，前置拜殿，重簷高敞，主祀玉皇大帝，配祀張天師及玄天上帝。後殿供奉觀音菩薩。廟內古區頗多，除「溫陵福地」外，還有「穹窿主宰」、「得一以清」及「德尊三界」等古區，深具藝術、文獻價值。

 由國道1號下彰化交流道，接中華西路、中華路，至民生路左轉可抵。

 由彰化車站下車，走光復路，至民生路右轉，步行約10分鐘可抵。

廟貌古樸素雅的「元清觀」。

彰化孔廟

彰化市孔門路30號 （04）723-6746 《一級古蹟》

彰化孔廟爲往昔中台灣的文教發展中心，自始建以來，百年間，經數次修葺，如今的廟貌格局，保有當年初建時的古味，是市區首屈一指的重要古蹟。

雍正4年（1726）知縣張鎬始建孔廟於現址，櫺星門爲突歸式建築，屋頂有6支「通天柱」，戟門兩旁抱鼓石有精美的螺紋圖案。跨過門欄，在戟門後方，立有光緒6年（1880）「重修邑學碑記」古碑。

大成殿採歇山重簷式建築，屋頂左右兩端垂脊上有梟鳥雕塑，梟鳥生性凶猛，俗稱「野貓子」，而「梟生食母」更是大逆不道行爲。相傳有一天，孔子授課時，惡鳥飛過其間，竟被孔子感化而知反哺。「梟哺」說明了孔子「有教無類」的偉大胸襟。

殿前左右有造形雅緻的龍柱，大殿面寬5間，主祀至聖先師孔子，左右兩側分別爲東、西兩廡，供奉孔子的學生。另有崇聖祠位於大殿後方，祠左是明倫堂，堂後爲學廨，即往昔師生宿舍。

 由國道1號下彰化交流道，接中華西路、中華路、孔門路可抵。

 從彰化車站下車，走光復路，至民生路右轉，步行約10分鐘可抵。

彰化孔廟大成殿。

永樂街形象商圈

彰化市永樂街

　　數十年來，永樂老街一直是彰化市區最繁榮的夜市之一，尤其前幾年，市府重新整修該路段成立「永樂街形象區」後，每到夜晚，車水馬龍，人來攘往，熱鬧的場景，盛況空前。

　　走在這條彩磚鋪設的街上，您會發現商店林立，人潮洶湧，各種南北貨物應有盡有，交易十分熱烙。除了熱鬧無比的街景外，店家的招牌更是整齊畫一，無數機車整齊排列在街道的一旁，景然有序，沒有一般街道雜亂無章的情形，永樂街整潔美觀的形象，令人難忘，是逛街、購物者的新天堂。從中山路電力公司對面，即可看到這條中台灣頗具特色的夜市街道。

　　除了購物商圈外，彰化道地傳統美食更是風味獨具，如素食麵、貓鼠麵、肉圓、涼圓、碗粿等等，都是著名的地方小吃。其中位於中山國小附近有家40幾年的碗粿老店，以傳統古法製作美味香Q碗粿，已成爲當地老饕之最愛。

龍山林碗粿專賣店
彰化市中山路2段874巷6號
（04）726-6969
營業時間：5：00～13：00

素食麵
彰化市長安街117號
（04）723-5427

熱鬧的永樂街形象商圈夜市。

彰化市旅遊景點

貓鼠麵
彰化市長安街126號
（04）726-8376

阿璋肉圓
彰化市長安街144號
（04）722-9517

涼圓
彰化市南郭路一段182號
（04）724-4810

 由國道1號下彰化交流道，接中華西路、中華路、永樂街可抵。

 由彰化車站下車，走光復路至民生路右轉，走永樂街，步行約10分鐘可抵。

彰化好吃的肉圓。

中山國小附近，經營40幾年的碗粿老店。

聖王廟

彰化市中華路239巷19號　（04）726-8742

台灣400年前的移民多為福建漳州、泉州和廣東籍的客家人。他們冒險橫渡海峽移居台灣的同時，為了消災解厄，祈福納祥，常將家鄉供奉的鄉土神一并接送來台奉祀，比如漳州人信仰開漳聖王，泉州人供奉諸姓王爺，而客家人則敬拜三山國王。這些鄉土神隨著一批批的移民抵達台灣，生根落地，而逐步形成許多具有地方色彩的「人群廟」。

台灣供奉開漳聖王陳元光的廟宇有100多座，其中位於彰化的聖王廟又名「威惠宮」，主祀開漳聖王，為昔日彰化縣城漳州人的信仰中心。陳元光，唐代河南光州固始人，13歲中武舉，唐高宗總章2年，隨父入閩平亂，造福百姓，功垂千古。死後皇帝追封「開漳主聖王」，並賜廟額「威惠廟」，神威顯赫，為歷代福建漳州人之守護神。

始建於乾隆26年（1761）的彰化聖王古廟，為三殿兩廊式格局，其後遭陳周全事件兵毀，於清朝嘉慶、光緒年間重修。廟前兩側有青斗石雕之八字牆，左青龍、右白虎，栩栩如生，極具藝術價值。廟內懸有「海東慈雲」、「昭燕英靈」等古匾，另有一口年代久遠的古井，頗具歷史意義。後殿，富麗堂

廟前右側栩栩如生的青斗石雕。

聖王廟又稱「威惠廟」，為歷代福建漳州人之守護神。

皇，配祀觀世音菩薩。彰化聖王廟雖為漳州移民所建，但由於當年禮聘廣東匠師建廟，因此大木結構細部，具有粵派建築特色，目前列入國家2級古蹟。

 由國道1號下彰化交流道，接中華西路、中華路可抵。

 從彰化車站下車，走光復路、至民生路右轉，到中華路右轉，走中華路239巷可抵。

華陽公園

彰化市寶山路

華陽公園位於彰化縣立體育場旁，面積約5公頃，是市區面積最大的公園。

園內林木蒼鬱，綠草如茵。有涼亭、兒童遊戲場、健康步道及休憩坐椅等設施，走在公園內的步道，風景如畫，賞心悅目，是遊客散步、野餐和賞鳥的好去處。另位於山谷中，有座美麗的「情人吊橋」與縣立體育館相通，是園區明顯地標。建築宏偉的體育館，設備完善，有鎚球場、溜冰場、游泳池、田徑場與籃球場等陳設，是市民運動休閒的好去處。

 由國道1號下彰化交流道，接中華西路、曉陽路，到中山路右轉，過紅綠燈接中興路、介壽路、寶山路可抵。

 從彰化車站搭彰化客運班車前往，至「保四總隊」站下車。

華陽公園美麗的「情人吊橋」。

彰化市旅遊景點

灰面鵟鷹賞鷹平台

彰化市桃園里武陵路安溪寮附近　彰化縣野鳥學會　（04）728-3006

灰面鵟鷹。

根據古書記載「每年清明有鷹成群，自南而北，至大甲溪畔…，聚哭極哀，彰化人謂之南路鷹」。位於彰化市八卦山虎崗路（139縣道），即彰化老人養護中心（桃園里虎崗路1號）與教育廣播電台彰化台之間的武陵路，前行300公尺處，每年3、4月，在賞鷹平台上，可見為數眾多的灰面鵟鷹、大冠鷲、鳳頭蒼鷹及松雀鷹等飛禽，低空掠過或盤旋飛翔，令人讚嘆不絕。鳥類被視作生態環境破壞的重要指標，為了讓我們的子孫都能欣賞南路鷹過境八卦山的奇景，加強環境的保護工作是十分必要的。

 由國道1號下彰化交流道，循中華西路至市區，走中華路、孔門路，到中山路右轉，走公園路，接虎崗路，左轉小徑可抵。

 從彰化車站搭彰化客運班車，至「七曠」站下車，往回走循小徑進入可抵，彰化客運（04）729-8134。

八卦台地生態之旅

遠古時代，台灣西部中央沖積扇平原受地殼的造山運動而隆起，形成南北長32公里，東西寬4至7公里的葫蘆狀高地，稱爲「八卦台地」。八卦台地東起台中盆地，西至彰化海岸平原，南臨大肚溪，北界濁水溪，面積約210平方公里，呈東南西北走向，地勢從東南逐漸向西北遞降，橫跨彰化、南投2縣，在彰化縣穿越1市（彰化市）2鎮（員林、田中）5鄉（花壇、芬園、大村、社頭、二水），是彰化縣唯一的台地。

八卦台地境內，除了東側彰化八卦台地約1成左右青蔥天然林相外，大多已開墾爲檳榔、茶園或果園。若能偷得半日閒，驅車登山道，穿梭於高低起伏的綠林之間，未嘗不是件美好的事情。

 由彰化車站走光復路、至中山路右轉，走公園路，接虎崗路（139縣道），過草子埔、中崙，抵樟空。

沿途青蔥的相思樹林。

鼎泰興懷古餐廳

彰化縣鹿港鎮中山路26號 （04）776-2166、776-2187

清早的鹿港小鎮，顯得格外安靜。

康熙、雍正年間，漸有漳泉、廣東客家的墾民東渡來台，其中以泉州人最多，約佔8成左右。早期的移民多沿著鹿仔港溪居住，當時八堡圳、福馬圳、深圳和十五莊圳等水利灌溉工程陸續完成，使台灣中部新墾了1萬多甲的水稻田，而成為一大米穀的生產地，距大陸還不到170公里，港闊水深的鹿港，自此成為中部地區最主要的米穀輸出港。如今，我們由意樓、日茂行以及埔頭、瑤林古街等舊街古厝，仍依稀可見昔日鹿港全盛時期的榮景。

鹿港位於彰化平原的西北邊，西鄰台灣海峽，與大陸泉州僅一衣帶水之隔。西元1683年以前，這裡曾是平埔族巴布薩部落「馬芝遴社」的獵場。明鄭時期，鄭成功派劉國軒登陸「鹿仔港」，並在今天的天后宮附近設立「營盤地」，與國姓井、營盤埔和營埔內等地區，共同形成「營盤聚落群」，展開早期的屯墾工作。

西部海邊的鹿港古鎮，擁有許多老街古巷、傳統工藝及美食，小鎮具有濃郁的鄉土情懷，文風遍地，傳統古蹟隨處可見，可說「三步一小廟，五步一大廟」。其中列入國家級的，有文武廟、地藏王廟、龍山寺、興安宮、城隍廟與天后宮。此外，鹿港更以民俗工藝、口味獨特的傳統美食，聞名於世。傳統手藝方面，有金玉錫雕、神像雕刻、藝術木雕、燈

籠、製香、刺繡與製扇業等。另熱鬧的天后宮廣場前及第一市場前，有道地鹿港口味的各種小吃，包括蚵仔煎、蚵仔湯、麵線糊、生炒五味、芋丸、湯圓、貢糖、肉圓…等等，也可順道買些鹿港特產，如鳳眼糕、牛舌餅、彩頭酥和肉包回去，與親友

充滿節慶風味的鹿港街道。

們一起分享。適逢週休2日，到鹿港走走，會是個不錯的選擇。尤其建築頗具古味的「鼎泰興懷古餐廳」開張後，更為繁華的鹿港街市增添不少熱鬧氣息。

建築頗具古味的鼎泰興懷古餐廳。

鹿港天后宮

彰化縣鹿港鎮中山路430號 （04）778-3364 《三級古蹟》

　　鹿港早期聚落的發展是由北而南的，一百年間，大約形成了2公里長的街市。一般而言，鹿港北邊的腹地要比南邊小而窄，寺廟的規模也不例外。在日治時代，台灣農業改革（如蓬萊米、甘蔗等經濟農產品）成功以後，鹿港產生了許多大地主，這些富紳把清代以來的建物加以重修。更不惜花費重金，聘請大陸的名工匠師如王玉順、蔣馨等人，前來參予台灣寺廟的整建工作。我們現在看到的許多廟宇，有不少是在這個階段裡整修完成，至於沒有重建或變革不大的寺廟，例如鹿港天后宮，自然就成了古蹟。

　　天后宮為傳統三殿式建築，香火鼎盛，終年香客絡繹不絕，由該宮分靈的廟宇遍布全台，有2000餘座之多，為一般寺廟所罕見。乾隆初年，鹿港聞人施世榜獻地遷建天后宮於現址，今廟內正殿右廂，供有施世榜的長生祿位。

　　前殿左右各建八角門，兩廊闢有鐘鼓樓，殿頂的八卦藻井為當年蓋台北孔廟的泉州匠師王益順所設計完成的。另三川門兩旁的青斗石雕作品，刻劃入微，線條牟利，講求立體塊面和透雕的處理，生動自然。樑柱以暖色花岡岩，配上冷色青斗石作成的抱鼓石，像這樣以兩種不同材質，對比強烈的石材，相互搭配的整體美感，是惠安匠師們善用石材的藝術表現。

　　正殿為重簷歇山式建築，高敞雄偉，主祀黑面媽祖，莊嚴典雅，乃康熙22年（1683）由湄州媽祖廟分靈來台，是台灣媽祖神像之代表作。左右護法神千里眼與順風耳，分立兩旁，栩栩如生，為福建匠師精心泥塑佳作。殿內懸有乾隆皇帝御筆「佑濟昭靈」、「神昭海表」、光緒皇帝敕賜「與天同功」等古匾，另「重修舊聖母廟碑記」更詳載當年大修之情形，為不可多得的歷史參考文獻。後殿為兩層樓建築，樓下是媽祖文物館。樓上為凌宵寶殿，殿內供奉玉皇大帝，立牌

熱鬧的天后宮廣場。

栩栩如生的千里眼是媽祖身旁的左右護法神。

下，鄉里人仕先後嚮應。由於辜氏的關係，建廟的師傅都是當代名匠，有潮州、泉州、溫州及浙江來的，但也有鹿港本地的，比如木雕師李煥、李松林、施禮與畫師郭新林等人。就整體建築而言，天后宮結合了各地名匠，像座建築殿堂一樣。我們從石雕、木雕或彩繪的技巧上，均可看到源自不同門派的創作藝術，這是天后宮不同凡響的地方。

位而不設神像，殿外兩旁有「五爪金龍」龍柱，為玉帝或皇帝卸用的圖騰，九五至尊之象徵。

天后宮自雍正3年（1725）水師提督施琅重建以來，真正的一次大修是嘉慶19年（1814），到了民國11年（1922）辜顯榮等又重修一次。此外，民國48年（1959）增闢後殿，62年（1973）又擴建大牌坊、龍樓鳳闕，自此廟貌更加莊嚴華麗。如今，我們看到的天后宮是1922～1936年間的建築。當時辜顯榮從台北帶來日幣30000圓倡議重建，在拋磚引玉

由國道1號下彰化交流道，走142線（彰鹿路）到鹿港，循中山路可抵。

由台中後火車站或彰化車站搭彰化客運，至「鹿港」站下車，走中山路可抵。

天后宮香火鼎盛，終年香客絡繹不絕。

日茂行

彰化縣鹿港鎮泉州街65號

百年前鹿港當地的有錢人家，在建造房子的時候，多用白灰砌磚牆。因為石灰具有調節溫度的功能，「南風一到就咄水，冬風一到就吸水」，使房子多暖夏涼。

清康熙、乾隆年間，鹿港港滬開闊，商船便於停泊。因此在港埠大開以後，日茂行林振嵩父子掌握先機，買了幾十艘大船，從事鹿港和泉州、蚶江間的兩岸貿易。幾年後，除了與大陸通商外，又增加台灣南北間的本島運輸貿易，自此台海、鹿港、恒春、鹽水及淡水等地，經常可見日茂行的船隻，林振嵩儼然已成為當時的地方首富。

乾隆51年（1786）台灣發生林爽文事變，清廷派福康安為征討大元帥，後勤補給概由日茂行一手包辦，數月後，林爽文亂平，更加鞏固了林振嵩之子林文濬在台灣政經上的地位和影響力，成為當時鹿港八郊之首叱咤風雲的人物。

然而好景不常，到了道光年間，屢次水患，使濁水溪氾濫成災，大量的土石流，造成鹿港港口嚴重淤塞，至咸豐年間幾乎已經廢港，從事船務運輸的林氏家業從此一落千丈，昔日榮景不再。如今，我們從日茂行廳內氣派的「大觀」古匾，似乎依稀可見昔日風華歲月的痕跡。

 由國道1號下彰化交流道，走142線（彰鹿路）到鹿港，走中山路，至民生路左轉可抵。

由台中後火車站或彰化車站搭彰化客運，至「鹿港」站下車，走中山路，至民生路左轉可抵。

日茂行廳內氣派的「大觀」古匾，傳為嘉慶君所御賜。

埔頭瑤林古街

彰化縣鹿港鎮埔頭、瑤林、大有街

埔頭、瑤林、大有等傳統閩南式古街，沿鹿港溪而建，是鹿港早期形成的商店街，也是典型台灣河港聚落建築代表。

當時的大小貨船沿著溪流走水路上岸，有如過江之鯽。因此，一般店家多把後院當成堆積商品的倉庫，中間作為天井、廳堂和起居室，前院則當批發門市部。這條車水馬龍，人來攘往的狹長街道，其寬度可容2輛人力板車相互交錯，為昔日鹿港商業之重地。其中埔頭街位於溪口處，為小型船隻停靠的埔頭。大有街舊名「暗仔街」，為中型船行聚集之碼頭。瑤林街舊名「楊籃」，多為清代早期大船行「合利行」所有，其船隻頻繁往返於台海之間，埔頭、瑤林等街頓時成為當時貨物吞吐的碼頭，自此鹿港有了較大規模的貿易商行。

到了道光末年，由於港口及河道嚴重淤塞，昔日榮景已成過眼雲煙。政府於民國75年整修瑤林、埔頭街，歷史悠久的古市街得以保存舊貌，列入古蹟保護區。走在紅磚鋪地的古街上，兩旁櫛比鱗次的古宅整齊排列著，民俗藝品、避邪古物、古早小吃、樸拙木門、半邊井…，讓人彷彿走回百年前的舊時代。

每逢星期假日，參觀古蹟的遊客絡繹不絕。

 由國道1號下彰化交流道，走142線（彰鹿路）到鹿港，走中山路、文開路，經新祖宮可抵。

 由台中後火車站或彰化車站搭彰化客運，至「鹿港」站下車，循中山路、左轉文開路，經新祖宮可抵。

後車巷隘門

彰化縣鹿港鎮後車巷

鹿港有槍樓的隘門，類似柵門，留有槍眼，具有防衛阻隔的功能，一般多木造或以磚砌成，設置於重要道路或邊境上。百年前，鹿港地區有許多這樣形如排樓的隘門。如今，隨著時代的進步和變遷，「後車巷隘門」已成為唯一僅存的一個了。

建於道光10年（1839）的後車巷隘門橫樑上，題有「門迎後車」字樣。過去鹿港有黃、施、許等3大姓氏。為了減少彼此的衝突和盜匪侵擾起見，多以隘門作為小聚落的界線。前清時代，儘管爭鬥糾紛的事件此起彼落，但「怙惡不過隘門」，仍是大家一致遵守的默契。由於隘門的阻隔，無形中減少了許多事端與衝突。

從台灣近代史上得知，清朝中葉台海之間的最大問題就是「海盜的橫行」，其中尤以蔡牽最為囂張。當時的海盜蔡牽，不但侵擾北台灣淡水、艋舺一帶，同時也為犯南台灣的安平、東石等港澳，何以位居中部首善之區的鹿港得以倖免？綜觀其因，不外蔡牽想在鹿港預留一條補給、銷贓的管道。另外，當時鹿港地區有50多座留有銃櫃或槍眼的防禦性隘門，白天這些隘門全開，成為一般的街巷通道。一到夜晚，所有的大小門全部關閉，祇留小小的眼孔偵察外頭的動靜。此時全港頓時變成一座固若金湯、具有層層關卡保護的小城。如今，我們看到的鹿港後車巷隘門，便是其中保存較好的清代防禦工事。

 由國道1號下彰化交流道，走142線（彰鹿路）到鹿港，走中山路、民權路，至後車巷右轉可抵。

 由台中後火車站或彰化車站搭彰化客運，至「鹿港」站下車，走民權路（往郵局方向），至後車巷右轉可抵。

後車巷有鹿港碩果僅存的一座隘門。

九 曲 巷

彰化縣鹿港鎮金盛巷、後車巷

九曲巷北有後車巷，南有金盛巷，從前又叫「六路頭」，紅磚曲巷內有200多年前殘楚斑駁的舊牆，讓人好像走進時光機器裡，回到百年前的生活空間。

九曲巷以「九」命名，九為最大陽數，代表「多」的意思，又表示巷子多彎曲折。九曲巷轉折大的原因，是為了碰到土匪行搶時，容易防禦，不讓對方很快橫衝直撞而來，如此有足夠的時間可以應敵，甚至在銃樓上駕槍射擊。另鹿港為舊濁水溪沖積平原，地勢十分平坦。每年農曆9月至12月會有乾燥又涼爽的東北季風長驅直入。汙迴的巷道，可阻擋乾燥又猛烈的「九降風」，即便是臘月寒冬時候，巷內依舊溫暖如陽春3月。

遊曲巷最好的季節是在秋冬之際，此時暖和的陽光呈45度斜照，溫度約25℃，涼風從曠野吹過牆角透進了巷道，十分清爽愜意。「曲巷冬晴」是鹿港九曲巷最好的心靈寫照。

 由國道1號下彰化交流道，走142線（彰鹿路）到鹿港，循中山路左轉民族路，由金盛巷進入。

 由台中後火車站或彰化車站搭彰化客運，至「鹿港」站下車，走中山路、民族路（往第一市場方向），由金盛巷進入。

多彎曲折是九曲巷道的一大特色。

意　樓

彰化縣鹿港鎮中山路119號後面巷內

　　意樓天遺室爲一清代閩南閣樓式建物，精緻典雅的圓窗，其圖案以古錢和葫蘆形狀交錯變化拼成，具有福慧圓滿之意。

　　聽說清道光年間，意樓有位陳姓大戶人家的公子愛上了丫環尹娘，雙方論及婚嫁，好不容易取得家長的同意。新婚後不久，公子赴唐山科考。臨行，他在牆邊種了一枝楊桃樹，告訴尹娘：「見樹如見人，不論中舉否，吾完試即返。」

　　不料年復一年，卻不見郎君歸來，孤單的尹娘就在守侯的日子裡，悒鬱而終。徒留淒美的愛情故事，引人徘徊留連......。

 由國道1號下彰化交流道，走142線（彰鹿路）到鹿港，循中山路可抵。

 由台中後火車站或彰化車站搭彰化客運，至「鹿港」站下車，走中山路可抵。

典雅古意的意樓，有著浪漫悲涼的愛情故事。

興安宮

彰化縣鹿港鎮中山路89號　《三級古蹟》

興安宮始建於清康熙23年(1684)，距今已有300餘年歷史，是鹿港地區現有3座媽祖廟（新祖宮、興安宮、天后宮）中，發跡最早的一座，堪稱鹿港第一古廟。該廟為兩殿傳統街屋式建築，與台南開基天后宮有幾分神似，格局不大，座落於昔日「草仔街」鬧區裡，隱身於一般店家之間，使人有狹長而深遠的感覺。

興安宮是鹿港發跡最早的一座古廟。

為增加使用空間起見，早期建築設計時不用樑柱，多由牆內的附柱來承重，是清初興化移民所建「角頭人群廟」的一大特色。

正殿主祀天上聖母（湄州媽祖），300年前由廟方恭迎來台的媽祖金身軟身聖像，是廟中不可多得的鎮殿之寶。如今，整建後的興安宮，三川門上的門神、匾聯，鮮明華麗，屏門、神龕也煥然一新。然而，我們從門前古樸之抱鼓石、左側牆壁嵌著的「奉憲勒碑」、「奠安山海」匾和「慈航普渡」匾等珍貴古文物，猶依稀可見昔日興安宮的原始風貌以及那段繁華歲月的痕跡。

 由國道1號下彰化交流道，走142線（彰鹿路）到鹿港，走中山路可抵。

 由台中後火車站或彰化車站搭彰化客運，至「鹿港」站下車，走中山路可抵。

龍山寺

彰化縣鹿港鎮龍山里金門巷81號

充滿純樸味道的龍山寺山門。

　　台灣取名為「龍山寺」的廟宇，由南到北，有鳳山龍山寺、台南龍山寺、鹿港龍山寺、台北艋舺龍山寺、淡水龍山寺等5座，皆於清代由大陸閩南泉州安海鄉的龍山寺（又名天竺寺）分靈來台，歷史悠久，香火鼎盛，各具特色。

　　鹿港龍山寺原是大有街附近的一間舊廟，乾隆51年（1786）由當時的都閫府陳邦光發起，以鹿港八郊所得的15萬鉅款和地方捐募，遷建於現址。龍山寺佔地1600多坪，面寬3間35公尺，進深4間110公尺，共4進3殿，99個門，規模宏偉，古樸素雅，它像是用一塊巨大木頭精雕細琢出來一樣，值得細細觀賞。在鹿港龍山寺，從道光年間修葺的古老建築中，我們可以發現連一個小角落，都是藝術的精品之作。當時的泉州匠師對一天可以交差的工作，往往願意花費更長的時間完成，「慢工出細活」的結果，使龍

山寺贏得「台灣紫禁城」美譽，成為國內屈指可數的名剎和一級古蹟。

龍山寺主祀觀音佛祖，配祀十八羅漢，建築包括山門、石獅、前埕壓艙石、石門枕、五門、門神彩繪、太極八卦窗、戲亭八卦藻井、中埕、廂廊、古鐘、拜亭4靈獸、正殿、後殿及左、右翼殿及古井等格局裝飾，它運用了一切美的原則，包括對稱、對比、漸增、反復、清晰、獨特、平衡…。走進鹿港龍山寺內部，會讓你有如進入古代藝術殿堂裡的感覺。其中戲亭的八卦藻井括距有5公尺半，由16組斗拱搭疊5層，組合而成。其形如結網，完全以木頭接榫上去，而不用任何鐵釘，是目前台灣最大的古代藻井。抬頭上望，整座藻井由正中的彩繪金龍伸展開來，那樣的動態美感表現，在我看來，像是要刻劃出能理解中的宇宙運行現象一樣。類似這種稀世珍寶，姑且不論其年代為何，直至今日，仍是令人讚賞的劃時代傳統建築藝術。

 由國道1號下彰化交流道，走142線（彰鹿路）到鹿港，走中山路、三民路、龍山街可抵。

 由台中後火車站或彰化車站搭彰化客運，至「鹿港」站下車，循中山路走三民路、龍山街可抵。

龍山寺的門神彩古意盎然，令人印象深刻。

鹿港地藏王廟

彰化縣鹿港鎮力行街2號

地藏王廟創建於清乾隆22年，距今約300，主祀地藏王菩薩，爲台灣陰廟的典型代表，目前列入國家三級古蹟。

地藏王廟精美的門神彩繪。

相傳地藏王廟爲嘉慶8年（1803）5月信士林太平，由大陸天竺供請1尊地藏王菩薩返台奉祀。數年後，當地人以重修天后宮後之餘款興建地藏王廟。其建築空間，低矮深長，簡樸素雅，裝飾不多，充分展現陰廟陰森肅穆之特質。門神彩繪及壁畫更是線條流暢，配色優雅，深具美感，爲民間不可多得的藝術創作，值得細細品味。每年農曆7月「鬼門關」大開，地藏廟舉辦中元普渡法會，祭拜「好兄弟」，熱鬧的場景，盛況空前。

 由國道1號下彰化交流道，走142線（彰鹿路）到鹿港，至青雲路左轉可抵。

由台中後火車站或彰化車站搭彰化客運，至「鹿港」站下車，循中山路走青雲路，步行約數分鐘可抵。

地藏王廟主祀地藏王菩薩。

文祠、文開書院、武廟

彰化縣鹿港鎮青雲路2號　《三級古蹟》

文祠、文開書院、武廟，同位於青雲路上，三廟並列相連，環境清幽，規模宏大，為鹿港重要古蹟之一。

武廟香火鼎盛，主祀「武財神」關聖帝君。

文祠創建於嘉慶17年（1812），由鹿港同知薛志亮、富紳陳士陶等人聚資捐建完成，為官商合建之古廟，也是鹿港最早詩畫社「拔社」的發源地，主祀文昌帝君，與武廟毗鄰相連，為泉州風格寺院，兩廟合稱「文武廟」。廟內有「重修文武兩祠碑記」、「重修文祠」等2碑，詳細記載著當年重建修葺過程。每逢春秋大祭，鹿港當地士紳聚會在此，舉辦盛大的祭典活動。

另古典雅緻的文開書院，為台灣中部地區最早學府，由清代同知鄧傳安發起，日茂行第3代主人林廷璋等八郊士紳，捐建而成。左右兩廡設有學舍40間。清代中葉以來，人材輩出，為鹿港文化的發源地。

書院以「文開」命名，乃紀念明末前來台灣傳授漢學的大儒沈光文先生，沈光文號「斯庵」，字「文開」故名。日治時代，日人在鹿港另設公學校，惟恐學生聚集易生事端，因此勒令書院停學。其後書院因北白川宮能久親王的造訪，而易名為「北白川宮紀念堂」。目前書院左側廂房內，嵌有北白川宮紀念碑。台灣光復後，書院日漸殘破不堪。更因一場大火，雪上加霜，形同廢墟。民國73年（1984）政府撥款重建，得以恢復昔日舊觀。

武廟香火鼎盛，莊嚴肅穆，為官商合建之古廟，廟內有「添耀海天」、「峻極於天」等古匾，主祀關聖帝君，神態威儀，是清代福建名工匠師的經典作品。關聖帝君是關公的稱號，一般民間商家尊稱他為

「武財神」，供奉的人很多。相傳關公年輕的時候，曾在家鄉山西省解縣以賣布為生，學會「原、收、出、存」記賬法。關公被曹操俘虜以後，曹操待之甚厚，常以貴重物品相贈，其後，打聽到與他義結金蘭劉備消息後，馬上將曹操贈予的金銀珠寶，記在賬冊上如數交還給曹操，同時很快回到劉備的身邊。後人以關公守信義，而欣佩不已。

 由國道1號下彰化交流道，走142線（彰鹿路）到鹿港，至青雲路左轉可抵。

 由台中後火車站或彰化車站搭彰化客運，至「鹿港」站下車，循中山路至青雲路，步行約數分鐘可抵，彰化客運（04）729－8134。

文祠為為泉州風格寺院。

鹿港民俗文物館

彰化縣鹿港鎮中山路152號　（04）777-2019
開放時間 每日9：00 ～ 17：00，例假日照常開放。

　　鹿港民俗文物館原名「大和大厝」，興建於民國2年，是昔日鹿港名人辜顯榮的祖宅。辜顯榮生於清同治5年（1886），卒於民國26年12月9日，享年72歲。辜氏於光緒23年（1897），在鹿港設立大和行，開闢鹽田、經營樟腦事業。辜氏一生深得日政府當局的眷愛與信任，但終其身，不學不用日語，為日治時代台灣叱吒風雲人物。

　　成立於民國62年的民俗文物館，為仿巴洛克式2層洋樓建築，收藏了許多台灣傳統的歷史文物，包括前清中葉至民國初年先民所使用的家具、器皿與珍貴的收藏品，約6000餘件，開放給民眾參觀。樓下有鹿港古蹟圖片、清代服裝佩飾、布袋戲台玩偶。2樓陳列辜家民初中西式家俱、會議廳堂、書畫文獻、貴賓廳堂、閨女臥房及供神廳堂。另有古風樓為傳統閩南式百年建築，風格獨特，古意盎然，值得前往一遊。

 由國道1號下彰化交流道，走142線（彰鹿路）到鹿港，走復興路、左轉館前路，循指標可抵。

 由台中後火車站或彰化車站搭彰化客運，至「鹿港」站下車，走中山路，由和興派出所旁小路進入，循館前路可抵，彰化客運（04）729-8134。

鹿港民俗文物館為仿巴洛克式洋樓建築。

鹿港城隍廟

彰化縣鹿港鎮中山路366號　《三級古蹟》

　　台灣的城隍廟多達80餘座，但由福建泉州石獅鄉分香的，僅鹿港城隍廟。鹿港城隍廟始建於清乾隆19年（1754），又叫「鰲亭宮」，是早期永寧人所供奉的忠祐侯。原為3殿式之大廟，氣宇非凡，日治時代因馬路拓寬，前殿被拆，只留下正殿及後殿，直到民國81年重修，才恢復昔日廟貌，但格局已大不如前。

　　正殿主祀城隍爺，左右有南、北斗星君，其中南斗星君註生，北斗星君註死，另有文武判官、二十四司、七爺、八爺和牛、馬、枷、鎖四爺。後殿供奉觀世音菩薩、城隍夫人和註生娘娘等神明。

　　廟內木雕風格雅緻，歷史文物頗多，有「普濟眾生」匾、神像、神桌、瓷器香爐、石柱、青斗石獅、銅鏡、算盤與道光年間的「重修鹿港城隍碑記」等，琳瑯滿目，令人目不暇給。該廟原屬日茂商行下的一個地方角頭廟。光復後，城隍廟一度成為鹿港當地的最大廟會，廟口有熱鬧的小吃廣場，人來攘往，車水馬龍，非比尋常。到了60年代，隨著媽祖信仰興起，城隍廟的地位，便逐漸被天后宮所取代。

鹿港城隍廟精美的門神彩繪。

 由國道1號下彰化交流道，走142線（彰鹿路）到鹿港，循中山路可抵。

 由台中後火車站或彰化車站搭彰化客運，至「鹿港」站下車，走中山路可抵。

益源古厝

彰化縣秀水鄉馬興村益源巷4號 　《二級古蹟》

益源古厝始建於道光２６年（1846）佔地約3000多坪，是彰化境內最大的清代民宅。

乾隆年間，陳家渡台經商致富，遂購地興建大宅、莊園。大厝為傳統四合院3進式6條護龍建築，規模宏大，格局完整，除了寬敞的內、外埕外，還有門樓、正門、中庭、轎廳、正廳、後庭及後廳，此外，尚有咸豐9年〈1859〉，陳培松中舉時所立的1對旗竿石座，分別置於內埕兩旁，其後陳家更是人才輩出，出了幾位秀才和貢生。

大門門額上書有「陳四裕」3字，即希望陳家第2代4位男丁，所繁延之子孫均能富裕，不愁衣食。早年門廳上懸著「持恩文魁」匾，正廳氣氛典雅，提有「積善之家必有餘慶，祖宗創業克勤克儉，子孫守成勿怠勿荒」等家訓門聯。大廳上牆面懸掛著幾幀先祖遺像，旁邊有「修其孝弟敦本要敘彝倫」等10字木雕對聯，即陳家每一代子孫，可依照出生順序，取其中的一字來命名。後廳供奉神明，兩旁各築一道護龍。

早年益源大厝由於年久失修，加上天災人禍的摧慘，呈現一片荒蕪景象。近年來，經政府修復完工，紅牆青瓦，煥然一新，已恢復昔日舊觀。從彰化沿彰鹿路，在後壁埔彰化客運站牌右轉，沿著小柏油馬路前進，過馬興橋不久，便到益源大厝。

 由國道1號下彰化交流道，走142線（彰鹿路）到馬興，循益源巷可抵。

 由台中後火車站或彰化車站搭彰化客運往鹿港班車，至「馬興」站下車，走益源巷可抵。

早年益源大厝年久失修，呈現一片荒蕪景象。

和美道東書院

彰化縣和美鎮和西里和卿路101號 《二級古蹟》

道東書院生動無比的「龍堵」。

東書院緊鄰和美國中、國小，始建於清咸豐7年〈1857〉，格局方正，保持著原始架構，是台灣現存書院中較完整的一座。

古色古香的書院，綠蔭茂密，前有半月池，為兩進式傳統四合院建築，其外牆門位在巽（東南）方，為古人常用的入口角度。門廳面寬3開間，深約5間。正殿寬敞典雅，氣勢弘偉，由一根根原木大柱支撐著，殿內懸有「會聖之精」、「梯航絕學」等匾，主祀朱文公神位，配祀魁星神像。中庭左右各有1列護室，東廡奉祀歷代修葺有功人士的長生祿位，西廡配祀福德正神。

另距離書院約4、5公里的塗厝里，有80多年前地方聞人陳虛谷所建的一棟豪宅，庭院寬長，讓人目不暇給。

 由國道1號下彰化交流道，過彰水橋走134甲線（線東路），接138線至和美，走彰美路，至順天醫院左轉永樂路、和卿路可抵。

 由彰化車站搭彰化客運往伸港班車，至「和美」站下車後，走和光路往「和美國小」方向可抵，彰化客運（04）729-8134。

前有半月池的和美道東書院。

寶藏寺遊憩區

彰化縣芬園鄉進芬村彰南路三段135巷100號　（049）252-2836

入夜後，燈火通明的芬園寶藏寺。

寶藏寺歷史悠久，為傳統3殿雙護龍建築，始建於清乾隆50年（1785），建廟至今已300年，背倚寶山，面臨貓羅溪，形勢優美，堪稱靈山古寺。

前殿屋頂為硬山式燕尾，屋脊高聳，與一般寺廟迥異，為清初台灣寺廟三川殿之主要形式。左右邊門泥塑龍虎堵，古樸素雅，其他如石鼓、龍柱、梁架、雀替、斗拱及彩繪等，無一不是精美之作。正殿雕樑畫棟，莊嚴華麗，主祀天上聖母，神龕上方懸有清嘉慶皇帝卸賜「寶山第一」匾額，為寺廟增添神祕色彩。過了天井，便到後殿，登上靈霄寶殿，在此憑欄遠眺，草屯九九尖峰遙遙相對，視野絕佳，氣勢非凡，值得觀賞。寶藏寺為中台灣名剎之一，民國74年，經內政部列入國家3級古蹟。如今，位於該寺後山之「寶藏寺遊憩區」，設有大型戶外活動場暨遊樂設施，是週休2日遊，野餐、賞鳥及賞花的好去處。

 由國道3號草屯交流道接台14丙轉台14省道省道可抵。

 由彰化車站搭彰化客運往南投（經縣莊）的班車（每小時1班次），在「寶藏寺」站下車。

鹿港海岸風景線

台灣民俗村

彰化縣花壇鄉灣雅村三芬路30號　（04）787-2029
開放時間：上午8：30～下午5：00

　　台灣民俗村佔地約52公頃，以台灣300餘年的傳統民俗文化為主軸，搭配精美古建築、民俗技藝表演和各地名產小吃等活動，呈現台灣古早歷史文化特色。

　　村內有麻豆古厝、澎湖蔡進士第、新北投火車站等多幢各個不同時期及型式的各地建物。除了古色古香的建築外，民俗村還安排老師傅示範台灣多種即將失傳的技藝，如製麵線、打棉被、製紙、竹雕等古老傳統行業。此外，更配合歲時節令，舉辦各項傳統民俗活動，如歌仔戲、布袋戲、民俗舞蹈、歌謠等表演。

　　園區另闢有山林勝蹟區、自然教育區、時空劇場遊樂區以及休閒渡假區，豐富精彩的內容，吸引了來自台灣各地的目光。

 由國道3號快官交流道接74（中彰快速道路）、139線（往樟空方向）可抵。

 由彰化車站搭彰化客運班車至「三家村」站下車，步行約40分鐘可抵，彰化客運（04）729-8134。

充滿農村氣息的民俗村。

虎山岩

彰化縣花壇鄉岩竹村虎山街1號

　　虎山岩位於花壇鄉白沙坑一帶，環境幽靜，四周茂林修竹，景色優美，自古即有「虎巖聽竹」美稱。

 由國道3號快官交流道接74（中彰快速道路）、139線（往彰化方向）至草子埔，循指標可抵。

　　該寺創建於清乾隆3年（1738）前臨洋子溪，有如藏龍。背倚虎山，狀似臥虎，形勢極美。山上樹林茂盛，濃蔭蔽日，循著台階拾級而上，微風撲面，清涼沁人，宛若人間仙境，是何等醉人的景色。

景色優美的虎山岩

　　虎山岩格局不大，廟貌古樸，為傳統三合院單殿式建築，殿前有軒亭，結構簡潔。正殿古意盎然，內奉觀音菩薩為主神，寺前兩棵200餘年的古榕，廟中拜亭有道光年間「佛祖香燈充業配祀」碑文，紅牆綠窗，清幽絕俗。

　　虎山岩，歷史悠久，為中台灣3大名岩之一，也是清代彰化縣邑八景之一。到此遊玩，城市喧囂，心中煩惱一滌而盡，其樂無比。

由彰化車站搭彰化客運往員林班車，至「白沙坑」站下車後，步行約20分鐘可抵，彰化客運（04）729-8134。

花壇、員林、田尾、田中風景線

百果山風景區

彰化縣員林鎮出水里出水巷

位於員林近郊的百果山風景區，是八卦台地虎蹄坡的的一部分，區內風景綺麗，百果花香，故名「百果山」。

風景區包括水源地、風景區、廣天宮等3部分。過百果橋，循階拾級而上，兩旁花木扶疏，環境幽美，盡頭爲「浩然亭」，其上爲忠烈祠，蕭穆莊嚴。登塔遠眺，視野極佳，整個員林街市盡收眼底。另祠後有建築宏偉的廣天宮，廣天宮主祀武財神，也就是俗稱的「恩主公」，四周群山環抱，林木茂盛，是全家假日休閒的好去處。到百果山，除了飽覽勝景之外，此地的蜜餞可口，遠近弛名，是餽贈親友的最佳禮物（在員水路上可以買到）。

由國道1號埔鹽系統交流道接76號快速道路，接14丁（山腳路）往百果山。

由員林車站搭彰化客運往田中、二水班車，至「百果山」站下車，彰化客運（04）729-8134。

拾級而上，兩旁花木扶疏，環境幽美。

餘三館

彰化縣永靖鄉港西村中山路一段451巷2號

堂前古樸素雅的軒亭。

餘三館始建於光緒15年（1889）為傳統三合院建築，名列台灣10大古宅之一。

陳家是清代盛行屯墾制度下的大租戶，其所轄的田產範圍，東起湳港清水溝，西界福德巷，南至陳宅大岸，北到羅宅田。而大厝座西朝東，取名「餘三」，有紫氣東來，庇蔭世代多福、多壽、多子孫的含意。

偌大的門樓，兩旁建有內外護龍延伸到外牆，此種「一字二彎」佈局，使整座民宅益顯嚴謹壯觀。來到大門內埕，屋頂的排水口，裝飾著別緻的青花開口魚。堂前原木架構的軒亭，古樸素雅，分別雕琢精美的龍鳳木雕圖案。

正堂門楣上高懸同治12年（1873）福建省布政司授予屋主陳有光的「貢元」匾。堂內歷代祖先神龕，祭祀自木苑公以下14世之先祖，命名為「創垂堂」，有不忘先人「創業惟艱，垂留後世」涵義。另神龕上方懸掛漆金「大榕社」匾，表示陳家始祖來自廣東省饒平縣的大榕社。神龕兩側各立1對「恩授貢元」、「成均進士」執事牌，而代表家族權威的太師椅則分置於供桌兩旁。除此以外，餘三館最值得介紹的，要算是樑壁、格扇門上的彩繪了，知名的畫師來自廈門，彩繪典雅素撲，堪稱精心傑作，而彩繪用的顏料則由唐山進口。其中尤以紅、藍2色，雖歷經百年歲月，但色澤依舊富麗華美，值得細細品味。

 由國道1號埔鹽系統交流道接76號快速道路至員林，接1號省道可抵。

 由員林車站搭員林客運往二林、西螺班車，至「湳港西」站下車，員林客運（04）832-0320。

田尾鄉公路花園

彰化縣田尾鄉民族路至民生路

全得玫瑰莊園夜景。

田尾位於濁水溪八堡二圳下游，東鄰田中、社頭，西接溪湖、埤頭，南連北斗，北毗永靖。本鄉地形有如「長竿」，因此居住上游的人稱此地為「田尾」。由本鄉中山路（台1線）民族路〈南入口〉或民生路〈北入口〉進入，有面積廣達341公頃的「公路花園園藝特定區」，環園道路南起民族路北至民生路，全長4.7公里，素有「花的故鄉」美稱。

區內有近250家的園藝店，栽培各種花木盆栽，種類、數量之多，居全國之冠，是台灣最大的花卉樹木盆栽集散區。在公路花園裡，不管你走到那一處，都有好花綠葉相襯，每逢星期假日，人潮洶湧，賞花、買花的遊客，不絕於途，為一休閒觀光的好去處。

除了販售花卉盆栽以外，某些園藝店也提供餐飲服務，有各式美味咖啡、香草花茶、中西簡餐、香草冰淇淋等等，走累了，在此歇歇腳，獨特的情調和親切感，使人感覺到置身於芬芳的庭院當中。位於民生路一段422號的全得玫瑰莊園，結合歐式庭園造景的露天玫瑰大賣場，品種有900種之多，讓您在漂亮的庭園中用餐或喝下午茶之餘也能沾染花香，營業時間：10～21：30，週2公休，（04）824-5889。

由國道1號埔鹽系統交流道接
76號快速道路至員林，接1號
省道，循指標可抵。

 由員林車站搭員林客運往二
林、西螺班車，至「田尾」
站下車，員林客運（04）
832-0320。

田尾公路花園是台灣最大的花卉樹木盆栽集散區。

清水岩風景區

彰化縣社頭鄉山腳路一段466巷200號　（04）873-9839

　　清水岩風景區位於社頭鄉許厝寮，主要景點包括清水岩寺、清水岩森林遊憩區以及長青自行車道等等。

　　清水岩寺是個佛教聖地，始建於清雍正6年，為中部3大名岩（清水岩、虎山岩、碧山岩）之一，廟貌古樸典雅，寺前水色山光，環境清幽，有春光亭及龍池等建築。正殿莊嚴肅穆，主祀三寶佛，即釋迦如來佛、觀世音菩薩、普賢菩薩，兩旁配祀十八羅漢尊者，寺內保存許多古物對聯，曾為前清縣邑蔡麟祥評為彰化邑中八景之第一景，值得駐足遊賞。

　　廟旁闢有遊憩區及長青自行車道，區內林木扶疏，有廣闊的森林和露營烤肉區，叢林密茂，頗具原始風味，如今已列為野生動物保護區。

 由國道1號埔鹽系統交流道接76號快速道路至員林，接141縣道（員集路）至社頭，走山腳路可抵。

 由員林車站搭彰化客運往田中的班車，至「清水岩」站下車，彰化客運（04）874-2081。

清水岩為中部3大名岩之一。

田中森林公園

彰化縣田中鎮達德商工附近

公園步道沿途綠蔭夾道，穿行於山林之間。

　　早期為林務局經營的森林遊樂區，園區佔地約45公頃，與鼓山寺相鄰，園內生態景觀豐富，有楓香林、峭壁、山谷、步道、相思樹林、蟲鳴鳥叫、蝶兒飛舞等無不蘊藏著自然之美，足以令人流連忘返。其中，登山步道全長３公里，依山勢蜿蜒穿行於山林之間，沿途綠蔭夾道，高低起伏，是考驗身體與耐力的最佳場所。位於步道中點的名間台地，視野開闊，極目遠眺，濁水溪及台灣海峽浩浩的水波在微陽照射下閃爍生輝。沿步道繞行一圈，最終可返回原出發點。

　　公園設施完善，有停車場、公廁及兒童遊嬉區等，適逢周休2日，來趟自然生態之旅，田中森林公園是也不錯的選擇。

 由國道1號下北斗交流道，接150縣道（斗苑路）至田中達德商工可抵。

 由員林車站搭彰化客運往田中的班車，至「內灣」站下車，步行約10分鐘可抵，彰化客運（04）874-2081。

花壇、員林、田尾、田中風景線

鼓山寺

彰化縣田中鎮碧峰里中南路二段187號　（04）874-2617

鼓山寺位於田中森林公園附近，始建於民國46年，原爲日治時代神社舊址，因山形似「鐘鼓」而得名。

該寺廟貌巍峨，環境優美，寺前兩旁有綠意盎然的庭園，一進寺內，立即可以感受到四週清幽的氣氛。正殿宏偉高大，主祀釋迦牟尼佛，益顯莊嚴肅穆。每年暑假期間，寺方舉辦中小學生夏令佛學會，經常吸引許多學子慕名而來。

附近有田中森林公園、文武廟、早期閣樓式菸樓（復興、東源等里）、傳統「田中窯」以及蕭氏宗祠（東閔路頂潭社區，建於日據時期，富麗堂皇，是台灣地區少見的大型祠堂。）等景點，沿線風景秀麗，空氣清新，是一處休憩賞景的好去處。

 由國道1號下北斗交流道，接150縣道（斗苑路）至田中，走中南路可抵。

 由員林車站搭彰化客運往田中的班車，至「內灣」站下車，步行約10分鐘可抵，彰化客運（04）874-2081。

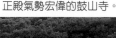
正殿氣勢宏偉的鼓山寺。

二林仁和宮

彰化縣二林鎮西平里中正路58號　（04）896-1051

仁和宮，爲台灣古老媽祖廟之一，也是二林地區的信仰中心，建廟迄今近300年歷史，地方父老們所能知道的，只是此廟至清嘉慶20年（1815）重修時已具今日三進式之規模。宏偉簡樸的外貌，爲罕見的唐山式建築，令人發思古之幽情。

三川殿爲歇山式屋頂，山牆伸出屋簷。山門兩旁的窗雕細緻優美、石獅造型典雅，置身其間，彷彿進入古代的藝術殿堂。正殿與後殿屬單脊硬山式建築，正殿富麗堂皇，主祀媽祖神像，分立左右的千里眼、順風耳別具古樸風味。後殿供奉觀世音菩薩，兩旁神龕陪祀著土地公及註生娘娘。

仁和宮興建歷史悠久，從清領、日治時代，雖歷經多次重修改建，但整體格局遵循古制，至今還保留著傳統閩南式古廟的建築風格，殿內典藏文物豐富，深具歷史意義，民國74年11月經內政部指定爲台閩地區三級古蹟。

 由國道1號下北斗交流道，接150縣道往西（斗苑東路）至二林。

 由員林車站搭員林客運往二林的班車，至「二林」站下車，走中正路可抵，員林客運（04）832-0320。

歷經年代的千里眼泥塑神像。

彰化縣1日遊行程建議

A.彰化市八卦山大佛風景區→鹿港古蹟區→虎山岩遊樂區→員林百果山

B.古蹟寺廟巡禮：八卦山大佛殿→孔廟→元清觀→關帝廟→芬園寶藏寺

彰化縣2日遊行程建議

第1天：彰化市八卦山大佛風景區→花壇虎山巖寺→鹿港古蹟區（夜宿）

第2天：芬園寶藏寺→百果山風景區→清水岩寺→溪湖羊肉→員林交流道

花壇、員林、田尾、田中風景線

雲林縣 位居台灣西部嘉

南平原的最北端,西濱台灣海峽。全縣總積1290.84平方公里,轄有20鄉鎮市,除東部斗六市、古坑鄉及林內鄉等零星山地外,其餘17鄉鎮,包括西螺、虎尾、斗南、台西、麥寮、口湖、四湖、大林、林內、梅山、北港、土庫、二崙、崙背、水林、褒忠和元長等鄉鎮,均位於沖積扇平原上。

全縣主要河川北有濁水溪,南有北港溪。其中,濁水溪全長186.4公里,發源於合歡山主峰(海拔3398公尺)與東峰佐久間鞍部(海拔2880公尺),由東向西經本縣麥寮鄉許厝寮匯入台灣海峽,形成廣闊的三角洲平原,土地肥沃,農漁產富饒,其中以稻米、甘蔗、西瓜、醬油、蚵仔等為大宗。

根據古書記載,明天啓2年有福建顏思齊、鄭芝龍等人登陸笨港(今北港一帶),到了清初,由於大量漳泉移民由笨港漸往內地開墾,人口聚集結果,形成許多聚落。《雲林縣採訪冊》:「北港街,即笨港,因在港之北,故名北港,東西南北共分人街,煙戶七千餘家 郊行林立,塵市昆連,金、廈、南澳、安邊、澎湖商船,經常由內地載運布批、洋酒、雜貨、花金等項,來港銷售。轉販石、芝麻、奇糖、白豆出口。又有竹筏為洋商載運樟腦前赴安平,轉載輪船運往香港等處。百貨集,六時成市,貿易之盛,為雲邑冠,俗人呼為小臺灣焉。」,由此得知,當時的笨港(今北港鎮)百貨雲集,為台南安平貨物的轉運站,也是雲嘉2縣發展的起始。

由於本縣開發年代久遠,列入台閩地區古蹟的有北港朝天宮、義

三條崙海水浴場附近的蚵仔寮景觀。

民廟，西螺廖家祠堂、振文書院，大埤鄉三山國王廟以及濁水水利發電所等6處。其中，除了北港朝天宮列入2級古蹟外，其餘均為3級古蹟。至於旅遊景點則有西螺大橋、三條崙海水浴場、湖山岩、劍湖山世界、草嶺、樟湖風景區、石壁風景線等名勝。適逢周休2日，到純樸的雲林縣走走，是個不錯的選擇。

三條崙海水浴場　雲林縣四湖鄉崙北村海清路　（05）772-1941

劍湖山世界　雲林縣古坑鄉永光村大湖口67號　0800-053888、（05）582-5789。

主題樂園遊樂設施開放時間：週一至週五 09：30 起至 17：00 止，週六、週日09：00至 17：15 止。

西螺大橋

位於濁水溪下游，北起彰化縣水尾村，南至雲林縣西螺鎮。

壯觀的西螺大橋。

橫跨台灣第一長河—濁水溪，橋長1939.63公尺，橋面寬7.32公尺，橋身分爲31拱。大橋以鋼鐵作架，水泥作墩，爲50年代台灣西部南北公路交通的要衝，也是昔日遠東第一長橋。

大橋始建於日據時代1937年10月（利用冬季枯水期施工），到1940年2月，完成了32座水泥橋墩。其後，因太平洋戰事爆發，工程停頓。光復後，美國提供價值113萬美元的鋼筋。於民國41年（1952）5月再度動工，採南北兩岸同時施工方式，是年12月25日完成全部工程。

大橋於翌年1月28日正式通車，爲追求經濟效益，當年曾附設台糖運輸甘蔗的小火車軌道，一度形成汽車與火車並行橋上的特殊景觀。而今，隨著時光飛逝，半個世紀的漫長歲月過去了，西螺大橋已不再是台灣最長的鐵橋，且目前僅通行小型車。然而，歷經年代的它，已成爲西螺小鎮不可磨滅的一景。尤其過橋時，欣賞著昔日浩大的造橋工程，卻是別有一番感受在心頭。

值得一提的，距西螺大橋約15分鐘車程的崙背鄉—純樸寧靜的鄉村裡，有座美輪美奐的歐式庭園，園中花木扶疏，綠草如茵。來到這裡，讓人彷彿置身於國外的場景，令人流連忘返。

在一個沒有人打擾的午後，靜靜的坐在餐廳裡，傾聽著優美音樂，品嚐一杯香醇濃郁的咖啡，那種空靈、飄逸、恬靜，只有閒情者才能創造出這種意境。到西螺來，別忘了順道前往「豆典」品味生活。

豆典庭園咖啡　雲林縣崙背鄉
枋南村16—5號　（05）696-8121

由國道1號高速公路下西螺交
流道，經台 1線省道、154縣
道前往西螺大橋、崙背等
地。

由斗六搭台西客運往西螺班
車，至終點站下車。

豆典咖啡庭園。

餐廳內典雅大方，風
味十足。

振文書院

雲林縣西螺鎮興農西路6號 （05）586-2765

建築別具特色的振文書院。

額，祠內設「振文社」、「義孚社」等社團，爲昔日文人雅士聚會之所。

振文書院整體造型典雅素樸，環境清幽，令人發思古之幽情，民國74年（1985）經內政部指定爲國家3級古蹟。

🚗 由國道1號下西螺交流道，經台1線省道往西螺。

🚌 由斗六搭台西客運往西螺班車，至終點站下車。

西螺古稱「螺陽」，前清時代文風鼎盛，出過不少秀才、舉人和進士。轄內原有龍門、奎文、修文以及振文等4大書院。而今隨著時光飛逝，振文書院成爲碩果僅存的一座了。

位於中山國小旁的振文書院，始建於清嘉慶2年（1797），迄今已有200年歷史，建築採傳統3開間軒亭2進式格局，分爲山門、拜殿、正殿及左、右廂房等5部分。正殿供奉五文昌帝君（文昌、文衡、孚佑、朱衣、綠衣），樑上懸有「百代文衡」、「千秋書祖」匾

金碧輝煌的透雕窗。

148

湖 山 岩

雲林縣斗六市湖山里岩山路48號 （05）557-2323

　　位於斗六市東郊，海拔100公尺，背山面水，始建於清雍正3年（1725），至民國48年（1959）重建為宮殿式建築，廟貌宏偉，環境清幽，景色宜人。

　　寺前一潭碧綠水池，兩旁種植高聳的樹木，益顯清幽。殿前石階，左右各立2座石獅和金身大鵬鳥，頗為壯觀。循著台階，拾級而上，樓下正殿主祀觀世音菩薩，左右排列十八羅漢。樓上大雄寶殿則奉祀泰國大玉佛一尊，莊嚴肅穆。

　　頂樓平台設有瞭望台，登高望遠，整座大佛寺全景，盡入眼簾，令人心曠神怡。

　　如今，大殿對面山坡闢建佛教藝術公園一座，園內設千佛雕塑區，另豎立「笑盡人間天下事」的彌勒大佛高約15層樓，為雲林縣的新地標。大佛殿兩側分立文殊菩薩、普賢菩薩，暮鼓晨鐘、梵音繚繞，真是一處人間仙境。

　　另湖山岩左前方有座古色古香的忠烈祠，佔地約1.4公頃，供奉為

廟貌宏偉壯觀的湖山寺。

國捐軀的忠勇將士們，供人瞻仰追
思，可順道前往參觀。

 由中二高下斗六交流道，循3
號省道西行，經石榴、斗六
工業區，於石榴派出所對面
可見湖山岩牌樓，右轉過牌
樓，經忠烈祠可抵。

 於斗六搭台西客運往湖山岩
班車，至「湖山岩」站下
車。

古色古香的忠烈祠。

北港朝天宮

雲林縣北港鎮中山路178號　（05）783-2055

精緻的麒麟石雕。

　　歷史悠久，香火鼎盛，創建於清康熙39年(1700年)，迄今已有300年歷史，期間歷經數次修茸，至光緒34年(1908)、民國53年（1964）年又先後重修殿宇，始成今日規模。

　　朝天宮規模宏偉，巍峨壯觀，佔地650坪，建築分為4殿7院。第一進三川殿，為歇山重簷式建築，左右兩邊分開龍虎門。第二進正殿，為三重硬山式建築，正龕主祀莊嚴肅穆的媽祖（又稱天上聖母）神尊，豎立兩旁的千里眼、順風耳別具古樸風味。第三進觀音殿，供奉觀世音菩薩，殿前以「孝子釘」聞名遐邇，左右兩旁的石雕龍柱更是年代久遠，栩栩如生。另東西龕祀

奉三官大帝和五文昌帝君。第四進聖父母殿，東廂註生娘娘殿，西廂福德正神殿。至於七院分別為正殿前天井、凌虛閣前天井、聚奎閣前天井、觀音殿前天井、三官殿前天井、文昌殿殿前天井，以及聖父母殿前天井等建築群，其中以觀音殿前天井的磚砌「卍」字牆風味獨具，最具特色。

　　朝天宮格局完整，處處雕梁畫棟，從廟外到廟內，結合了台閩地區早期名匠的經典作品和珍貴文物（萬年香火爐、雍正皇帝御筆「神昭海表」匾額、光緒帝御筆「慈雲灑潤」匾額），呈現各種不同的建築風格和技巧，舉凡石雕、木雕、神像、交趾陶、彩繪等，無一不是台

正龕主祀媽祖神尊，為信眾心靈寄託之所在。

前，已成為台灣媽祖信仰中心之一。

 由國道1號高速公路下嘉義交流道，循159縣道西行至新港，轉164縣道過北港大橋，入北港鎮後右轉中山路、中正路可抵。

灣早期建築工藝的代表作。來到這裡，彷彿進入一處藝術的殿堂，讓人目不暇給。民國74年，經內政部列入國家2級古蹟。

從斗六搭台西客運往北港班車，或由彰化搭彰化客運往北港班車，或從嘉義搭乘嘉義客運往北港班車，均可抵達。

每年農曆3月23日媽祖誕辰前後，朝天宮照例舉辦盛大的遶境祈福活動，屆時多達數十萬的信徒，從全台各地紛湧而至，鑼鼓喧天，人潮洶湧，熱鬧的場景，盛況空

後殿充滿著藝術氣息的精美格扇。

古坑綠色隧道

雲林縣舊3號省道 （266K～269K）

下了中二高，在往華山的舊台3線省道上，有條長約2公里的綠色隧道，道路兩旁種植著許多芒果樹，樹齡約30年，枝葉盤曲交錯，到了夏天整條綠廊都是芒果香味，一路上陽光灑落地面，形成美麗的斑駁光影，姍姍可愛。

漫步悠遊其中，綠蔭蔽天，微風拂面，孩童三五成群騎車而過。舒暢的感覺，彷彿搭乘著時光機器回到了50年代。

 由國道3號下梅山交流道，往華山的舊台3線省道上。

 由斗六搭乘台西客運往梅山班車，至「綠色隧道」站下車。班次不多，搭車前，請電台西客運（05）532-2016查詢。

罕見的牛車行駛於綠色隧道，彷彿時光倒流回到50年代。

華山遊憩區

雲林縣古坑鄉華山村　華山遊客中心　（05）590-0480

華山村山明水秀，民風純樸，位於雲林縣東南方，三面環山，形似一綠色潟湖。因此先民稱爲「大湖底」，民國54年更名爲華山村。

村內景色宜人，介於海拔200至800公尺，小小的村落，孕育多樣生態文化，其中尤以台灣咖啡故鄉、亮麗的夜景、健康步道以及古老造紙業，而聞名遠近。

沿著149縣道來到這裡，你會發現咖啡庭園餐廳此起彼落，非常熱鬧。尤其遇到天氣晴朗的夜晚，坐在景觀咖啡館內，品嚐著醉人的咖啡，嘉南地區萬家燈火的夜色美景，盡收眼底，既浪漫又愜意。除了咖啡文化外，華山地區還有許多生態步道，有些步道可通往大尖山（海拔1304公尺），享受在山巒起伏，充滿著芬多精的森林SPA中，傾聽蟲鳴鳥叫、潺潺的流水聲，令人通體疏暢，回味無窮。

華山地區位於山坡丘地陵，竹林處處，造紙材料取得容易，遠在50年代以前，當地隨處可見「礐仔」(泡竹用的水槽)，手工造紙一時之間成爲當地早期的重要產業。然而，好景

華山村內的登山步道。

不常，到了70年代，機械製紙廠取代了手工造紙工廠，如今，位於雲林縣古坑鄉華山村華山97-1號（05）590-0013，成為碩果僅存的一處手工傳統紙寮，林舜珍先生此項取竹造紙技術，已成為華山地區重要的文化傳承。

古坑鄉農會咖啡販賣部。

 由國道3號梅山交流道下，循162線至梅山，接149縣道至華山 全程約10公里。

 由斗南搭乘台西客運往華山班車，至「華山」站下車，步道前往。

人們坐在溪旁的餐廳內用餐，可以聽到潺潺的流水聲。

西螺、斗六、北港、古坑風景線

草嶺風景區

雲林縣古坑鄉草嶺村

位於雲林縣東南山區，至高點草嶺山又名窟沓山，海拔1234公尺，是草嶺經5次大走山後的主要山頭，也是草嶺地區的主要地標。

草嶺自921地震後，地形改變不少，沿途植被特殊，有青蛙、泥鰍、田螺、鱔魚、溪哥、藍腹鷴、紅山椒、赤腹松鼠、台灣獼猴等各種動物棲息，在地貌上也曾出現堰塞湖、沙洲和崩塌地形等各種自然奇景。除此以外，草嶺地區還有蓬萊瀑布、長春谷、峭壁雄風、清溪小天地、水濂洞、青蛙石、奇妙洞、幽情谷、921大飛山景觀台、同心瀑布、連珠池、一線天、石壁山、出合山等多處渾然天成的美景。其中峭壁雄風曾多次淹沒於草嶺湖中，是一處長140公尺、寬約70公尺，呈45°斜角的陡峭岩壁。走一趟感性多變的草嶺自然之旅，令人有飄飄欲仙的感覺，是不可多得的生態教學現場。

除了令人嘆為觀止的自然奇觀

大飛山奇觀。

外，草嶺的「竹藝」與「石雕」等傳統手藝也相當有名。諸如咖啡、竹筒、竹架、竹椅、石桌、石椅、石臼等等，是雲林古坑的一大特色。另外，草嶺也出產苦茶油、筍乾、愛玉子等農特產品，是不可多得的文化藝術盛宴。

草嶺SPA渡假山莊　雲林縣古坑鄉草嶺村56號　（05）583-1121

草嶺大飯店　雲林縣古坑鄉草嶺村36號　（05）583-1228。

A南下由國道3號下竹山交流道，走3號省道，接149號縣道至草嶺。

B北上由國道3號下梅山交流道，走162縣道至梅山，接149號縣道至樟湖、內寮，循草嶺公路至草嶺。

由斗六市火車站前搭台西客運班車前往竹山，再轉塔員林客運前往草嶺，唯班次不多，搭車前請先電話查詢。台西客運（05）534-7555、員林客運（049）264-2005。

夏日走一趟峭壁雄風，足以令人汗流夾背。

九二一國家地震紀念地。

潺潺流水的幽情谷。

出合山及河階地景觀。

古坑、草嶺2日遊建議行程

第1天：古坑綠色隧道→華山遊憩區→劍湖山世界。

第2天：草嶺風景區→回程。

草嶺2日遊建議行程

第1天：外湖→連珠池→同心瀑布→一線天→草嶺→蓬萊瀑布→長春谷

第2天：峭壁雄風→清水溪谷→清溪小天地→水濂洞→青蛙石→奇妙洞
→幽情谷921大飛山→回程。（2天行程須自備午餐，或事先在草嶺訂
飯盒，請專人送達。）

跟我去旅行 2 （GL002）

作者 / 攝影：李鎮岩

出版者：文興出版事業有限公司

總公司：臺中市西屯區漢口路2段231號

電話：(04)23160278

傳真：(04)23124123

營業部：臺中市西屯區上安路9號2樓

電話：(04)24521807

傳真：(04)24513175

E-mail：wenhsin.press@msa.hinet.net

發行人：洪心容

總編輯：黃世勳

執行監製：賀曉帆

美術編輯 / 封面設計：林士民

總經銷：紅螞蟻圖書有限公司

地址：臺北市內湖區舊宗路2段121巷28號4樓

電話：(02)27953656

傳真：(02)27954100

初版：西元2006年1月

定價：新臺幣280元整

ISBN：986-81740-4-X（平裝）

國家圖書館出版品預行編目資料

```
中臺灣旅遊精典 / 李鎮岩著. -- 初版.
-- 臺中市：文興出版，2006〔民95〕
面：    公分. --（跟我去旅行：2）
參考書目：面
ISBN 986-81740-4-X（平裝）
1. 臺灣 - 描述與遊記
673.26                  94023905
```

郵 政 劃 撥

戶名：文興出版事業有限公司   帳號：22539747